高等院校
混合式教学

主　编◎李　静

中国社会科学出版社

图书在版编目（CIP）数据

高等院校混合式教学／李静主编. ——北京：中国社会科学出版社，2024.10. —— ISBN 978-7-5227-4415-5

Ⅰ. G642

中国国家版本馆 CIP 数据核字第 2024D86K26 号

出 版 人	赵剑英	
责任编辑	王　曦	
责任校对	殷文静	
责任印制	戴　宽	

出　　版	中国社会科学出版社	
社　　址	北京鼓楼西大街甲 158 号	
邮　　编	100720	
网　　址	http://www.csspw.cn	
发 行 部	010-84083685	
门 市 部	010-84029450	
经　　销	新华书店及其他书店	
印刷装订	北京君升印刷有限公司	
版　　次	2024 年 10 月第 1 版	
印　　次	2024 年 10 月第 1 次印刷	
开　　本	710×1000　1/16	
印　　张	23.5	
插　　页	2	
字　　数	193 千字	
定　　价	119.00 元	

凡购买中国社会科学出版社图书，如有质量问题请与本社营销中心联系调换
电话：010-84083683
版权所有　侵权必究

本书编写组成员

主 编：李 静
副主编：孔丹丹 刘 梅 未良莉 叶海燕
　　　　宋雅晴 梁彩情 刘 璐

序　言

　　近年来，教育部提出高等院校要积极建设在线教学资源库，探索混合式教学新模式，这是中国高等教育在人才培养质量方面实现"变轨超车"的有效途径。混合式教学是将线上教学和线下教学相互融合的一种教学方式。线下教学能够使教师和学生及时沟通交流，发挥教师的主导作用。线上教学可以为学生提供更丰富的学习资源，并且培养学生的学习兴趣和自主学习能力。两种教学方式的融合，可以把各自的优势凸显出来，既能发挥教师在教学过程中的引导作用，又能调动学生学习的积极性和创造性。混合式教学包括在教学方法、教学设备、教学内容、教学考核等方面的线上与线下的融合，目的是将所有教学要素进行最佳匹配，从而实现最好的教学效果。混合式教学方式是随着信息技术的发展而产生的，将传统面对面的教学方式与信息技术融合起来。自2010年以来，中国各大高等学校就开始了混合式教学方式的推广，2013年启动了大学慕课的建设，2014年开始推广翻转课堂。2020年新冠疫情的暴发，使得学校对线上教学的需求大幅增加，教学方式的改革和创新改变了对高等院校教师在教学能力和教学方式上的要求。

本书是由安徽大学组织统编的高校教科书。由安徽大学李静教授任主编，负责总体指导和统稿，安徽大学刘梅老师、江苏经贸职业技术学院刘璐老师，合肥师范学院未良莉老师、宋雅晴老师，皖西学院叶海燕老师以及亳州学院孔丹丹老师、梁彩情老师组成编写组。具体内容的分工如下：第一章由刘梅老师编写；第二章由未良莉老师编写；第三章由叶海燕老师编写；第四章由宋雅晴老师编写；第五章由李静老师和刘璐老师编写；第六章由孔丹丹老师编写；第七章由梁彩情老师编写；最后由李静老师通稿修订。

本书主要分为七个章节。第一章从政策、科学研究和实施现状三个角度探索混合式教学模式在中国高等院校的发展。通过比较发现，三个视角中所体现出的混合式教学本位特征（包括目标、实现条件和评价手段）存在一定的差异性。因此，本章总结提出高等院校混合式教学的最终目标为提高高等教育质量，并厘清高等院校混合式教学不同主体（包括政府、高校、教师、学生以及教育技术企业）在该目标实现里的地位和作用，指出目标实现需要不同主体找准定位并且相互配合。第二章阐述随着第四次工业革命的不断深入，互联网技术、移动终端、类人智能技术逐渐融入传统科学（包括哲学、文学、教育学等传统文科）中，形成"新文科"。在新文科背景下，本章对混合式教学核心内涵做了重新解读，指出混合式教学是实现高等教育信息化的必要手段。混合式教学具有自身的显著特征，是介于传统教育教学和信息化线上教学间的一种新的教学模式，其既包含传统教学中的教育理论、目标、条件要素和评价方法，同时又具备信息化教育中的新理论、新目标、新条件和新评价。混合式教学模式在中国高等院校的提出和发展并不是一蹴而就的，是在对以往线上教学模式经验总结的基础上，融合了新时代技术而提出的。第三章主要介绍目前应用较为广泛的混合式教学模式。主要包括车站轮换混合式学习、个人轮换混合式学习、翻转课堂、远程混合式学习、基于项目的混合式学习、自主混合式学习、内外混合式学习、"基于能力"的混合式学习，接着分别对这八种混合式教学模式进行了介绍。第四章阐述了高等院校混合式教学建设的必要性。混合式教学符合高校高阶思维能力培养需求，有助于促进学生个性化发展，使学生学习更具个性化特点；混合式教学优化教学模式，能有效促进教学质量的提升；混合式教学要求教师具备师生共情能力、教学设计能力、教学资源开发能力，有助于促进教师能力专业化。第五章主要阐述了高等院校混合式教学改革成效，包括分层设置教学目标，满足学生差异化学习需求；教学内容持续更新，课程育人效果持续显现；以学生为中心、以产出为导向的教学设计覆盖教学全过程；多元考核设计，突出过程评价。第六章主要分析了高等院校混合式教学实施困境，包括对混合式教学的目标存在偏差，教学流于形式；混合式教学内容缺乏系统性分析，影响学习效果；混合式教学方法单一，有待持续更新；混合式教学过程式评价不够丰富，无法科学判断教学效果。第七章讲述了高等院校混合式教学优化路径。即应实施学生为主体、教师为主导的混合式教学的保障措施；组建混合式教学团队，保障混合式教学实施效果；加强高等院校混合式教学的支持力度；促进线上线下教学相融合，开展混合式教学；加强对"信息化"教学管理平台的运用手段；根据不同课程性质设置形式多样的混合式教学；引导学生逐步适应高等院校混合式教学；建立完备的教学过程评价体系。

限于编写人员的知识水平和教学经验，本书的缺点和疏漏之处在所难免。因此，希望本书读者继续向编写人员提出意见。

本书编写组
2023 年 8 月

目　录

第一章　高等院校混合式教学发展……………（1）
　第一节　混合式教学的政策脉络……………（2）
　第二节　混合式教学概念……………………（9）
　第三节　混合式教学目标……………………（16）
　第四节　混合式教学实现条件………………（24）
　第五节　混合式教学评价机制………………（37）

第二章　高等院校混合式教学理论……………（44）
　第一节　混合式教学的核心内涵……………（45）
　第二节　混合式教学的理论基础……………（56）
　第三节　混合式教学的显著特征……………（84）
　第四节　混合式教学可行性分析……………（90）

第三章　高等院校混合式教学模式……………（98）
　第一节　车站轮换混合式学习　……………（100）

第二节　个人轮换混合式学习 …………… （107）

第三节　翻转课堂 …………………………… （112）

第四节　远程混合式学习 …………………… （120）

第五节　基于项目的混合式学习 ………… （127）

第六节　自主混合式学习 …………………… （135）

第七节　内外混合式学习 …………………… （142）

第八节　"基于能力"的混合式学习 ……… （147）

第四章　高等院校混合式教学建设的必要性 …… （156）

第一节　混合式教学符合高校高阶思维

　　　　能力培养需求 ……………………… （157）

第二节　混合式教学有助于促进学生

　　　　个性化发展 ………………………… （170）

第三节　混合式教学有效促进教学

　　　　质量的提升 ………………………… （185）

第四节　混合式教学有助于促进教师

　　　　能力专业化 ………………………… （194）

第五章　高等院校混合式教学改革成效 ……… （209）

第一节　分层设置教学目标,满足学生差异化的

　　　　学习需求 …………………………… （210）

第二节　教学内容持续更新,课程育人功能

　　　　持续显现 …………………………… （219）

第三节 以学生为中心、以产出为导向的教学
设计覆盖教学全过程 …………（234）
第四节 多元考核设计,突出过程评价……（247）

第六章 高校混合式教学模式的实施困境 ……（255）
第一节 混合式教学目标的理解存在偏差,
混合式教学流于形式 ……………（256）
第二节 混合式教学内容缺乏系统分析,影响
学习效果与兴趣 …………………（263）
第三节 混合式教学方法缺乏多样性,有待
持续更新 …………………………（269）
第四节 混合式教学评价方法单一,难以有效
评价教学效果 ……………………（280）

第七章 高等院校混合式教学优化路径 ……（286）
第一节 以学生为主体、教师为主导的
混合式教学保障措施 ……………（287）
第二节 组建混合式教学团队,保障
混合式教学实施效果 ……………（296）
第三节 加强高等院校混合式教学的
支持力度 …………………………（301）
第四节 促进线上线下教学相融合,
开展混合式教学 …………………（307）

第五节 加强对信息化教学管理平台的运用手段 …………………………（310）

第六节 根据不同课程性质设置形式多样的混合式教学 …………………………（314）

第七节 引导学生逐步适应高等院校混合式教学 …………………………（318）

第八节 建立完备的教学过程评价体系 ……（319）

第八章 结语 …………………………………（338）

参考文献 …………………………………………（344）

第一章　高等院校混合式教学发展

混合式教学已经成为高等院校教育教学的重要手段之一，同时也是科学研究和政策要求中的热点问题。然而，混合式教学在政策要求、科学研究和现实发展中所体现的本位特征（包括目标、实现条件和评价手段）却存在分歧。本章首先梳理混合式教学在中国高等教育发展中的政策脉络，根据政策内容划分出中国高等教育混合式教学的三个不同阶段，即技术应用阶段、技术整合阶段和新的学习体验阶段；其次，通过对国内外文献的综述，归纳出高校混合式教学的概念特征；最后，比较政策和理论中对混合式教学的定位，结合中国混合式教学实施现状，总结出高等院校混合式教学的目标、实现条件和评价机制。本章指出混合式教学实施的最终目的是提升高等教育质量,而该目标的实现需要政府、高校、教师、学生以及教育技术企业找准自己的站位、发挥好自身的作用以及相互配合。

第一节　混合式教学的政策脉络

混合式教学(Blended Learning)在中国高等教育中的发展不是一蹴而就的,而是经历了三个阶段的发展(冯晓英、王瑞雪、吴怡君,2018):(1)技术应用阶段,即强调技术的使用;(2)技术整合阶段,即关注教师视角下的教学变化;(3)新的学习体验阶段,即关注学生视角下学习情境的搭建。

一　技术应用阶段

混合式教学模式在中国的提出可以追溯至2003年教育部发布的《关于启动高等学校教学质量与教学改革工程精品课程建设工作的通知》。该通知提出,为共享优质教育资源,进一步促进教授上讲台,全面提高教育教学质量,造就数以千万计的专门人才和一大批拔尖创新人才,提升中国高等教育的综合实力和国际竞争能力,在全国高校中启动高等学校教学质量与教学改革工程精品课程建设工作。并且在该通知中，提出要合理运用现代信息技术等手段，建设线上"国家精品课程"，即具备"一流教师队伍、一流教学内容、一流教学方法、一流教材、一流教学管理"等特点的线上示范性课程。该通知颁布以后，中国各大高校开始着手探索线上课程的建设，在技术层面上实现了课程建设。

2011年，教育部发布《关于国家精品开放课程建设的实施意见》，该意见提出，利用现代信息技术手段，加强优质教育资源开发和普及共享，进一步提高高等教育质量，服务学习型社会建设；提出国家精品开放课程计划，由原先的有限开放到充分开放。并在该意见中指出国家精品开放课程建设的内容，包括精品视频公开课、精品资源共享课；国家精品开放课程建设和运行机制，包括政策和经费支持、技术与系统保障、监督与管理、推广与应用和知识产权保护等；以及组织管理等内容。在该意见的指导下，中国逐渐建成了校、省、国家三级线上精品课程体系，以及多学科、多课程的线上课程共享平台。

从这两份政策文件中可以看出，中国政府在21世纪初期已经开始关注新技术包括云计算在内的先进信息技术和网络技术等在高等教育中的应用。而且从文件对于技术应用目标的论述中可以看出，中国在高等教育中进行技术应用的目的是提升中国高等教育质量、培养优质的高等教育人才。在技术应用阶段，混合式教学仅仅强调技术的使用，特别是技术对于高质量课程的普及和推广的作用，并没有要求高校教师普遍应用先进技术进行日常教育和教学。

二 技术整合阶段

随着互联网技术的不断推进，大型开放式网络课程（慕课：Massive Open Online Course，MOOC）作为在线开放课程和学习平台在全球范围内迅速兴起。2012年，美国多所顶尖大学纷纷设立网络学习平台，并在网上分享免费课程。2013年，慕课模式在亚洲流行开来。国内多所顶尖大学（如北京大学、清华大学、香港中文大学等）相继提供网络课程。不同于之前的"国家精品课程"和"国家精品开放课程"，慕课能够整合多种网络工具和数字化资源，从而形成更加多元的课程资源。不仅如此，慕课打破了时间和空间的限制，提供了直接接触国内外顶尖高校的课程资源的渠道。

2015年，教育部发布《关于加强高等学校在线开放课程建设应用与管理的意见》。该意见明确指出虽然慕课拓展了高等教育的教学时空，扩大了教育资源，激发了学生的积极性和自主性，但也给高等教育教学内容、方法、模式和管理体制带来了挑战。该意见的出台是为了加快符合中国国情的在线开放课程和平台建设，促进课程应用并加强组织管理。该意见指出中国慕课建设的指导思想和基本原则，即立足自主建设、注重应用共享，以及加强规范管理。不仅如此，该意见也提出了中国慕课建设的重点任务：①建设一批以大规模在线开放课程为代表、课程应用与教学服务相融通的优质在线开放课程；②认定一批国家精品在线开放课程；③建设在线开放课程公共服务平台；④促进在线开放课程的广泛应用；⑤规范在线开放课程的对外推广与引进；⑥加强在线开放课程建设应用的师资和技术人员培训；⑦推进在线开放课程学分认定和学分管理制度创新。从这些重点任务中可以看出，此时中国开始注重整合原先的国家精品课程，并且通过建立平台和培训师资的方式继续扩大优质高等教育资源的影响力。

2019年4月，以"识变、应变、求变"为主题的中国慕课大会召开，并在会上发布了《中国慕课行动宣言》，总结了中国慕课建设的重要经验和建设方案，并且提出"努力建设世界一流水平的中国慕课"的目标。[①] 会上强调了中国慕课建设是实现高等教育现代化、建设高等教育强国的重要工具，需要大力推进慕课的建、用、学。从《中国慕课行动宣言》中可以看出，中国政府对于慕课管理的总方针是"应用驱动、建以致用"。

在技术整合阶段，中国的关注点在于建设符合中国特色的慕课体系。然而由于慕课的学习和使用大多依靠学生的学习自主性，导致慕课学习的完成度较低。因此，建设慕课的责任大多落在了教师身上，即学校组织教师对信息化知识进行系统性学习，教师需要学会利用相关信息化工具、利用网络分享优质课程。由此可见，技术整合阶段虽然关注了教师视角，但对于学生视角的关注度并不充分。而且从出台的文件中可以看出，技术手段、平台建设和管理在该阶段被当成了重点任务，而非高等教育的质量即学生学习效果。

---

① 参见 http：//www.moe.gov.cn/jyb_ xwfb/gzdt_ gzdt/moe_ 1485/201904/t20190410_ 377278. html。

三　新的学习体验阶段

在新的学习体验阶段中，中国混合式教学正式被提出，并且关注点从课程建设和平台建设回归教育的本质，即培养高质量人才。

2019年10月，教育部在《关于一流本科课程建设的实施意见》中指出，"课程是人才培养的核心要素，课程质量直接决定人才培养质量"，进而提出中国的高等教育"必须深化教育教学改革，必须把教学改革成果落实到课程建设上"。该意见明确了中国高等教育课程建设的主要内容，包括：①转变观念，利用新理念；②目标导向，建设优质课程；③提升能力，加强师资队伍建设；④改革方法，创新教学方法；⑤科学评价，完善学生评价制度；⑥强化管理，提高制度执行力；⑦政策激励，以教学贡献为核心。从这些内容中可以看出，中国着手全面提高高等教育质量，一切以学生发展为目的。不仅如此，该意见还提出国家级一流本科课程"双万计划"[①]，

[①] "双万计划"即教育部"双一流专业"计划，是指教育部以建设面向未来、适应需求、引领发展、理念先进、保障有力的一流专业为目标，实施一流专业建设，建设一万个国家级一流本科专业点和一万个省级一流本科专业点。

包括线上一流课程、线下一流课程、国家级线上线下混合式一流课程、虚拟仿真实验教育一流课程以及国家级社会实践一流课程。并在混合式一流课程建设计划中明确，混合式课程主要是指基于慕课、专属在线课程（SPOC）或者其他在线课程，适当使用数字化教学工具，对原先的校内课程进行改造，安排20%—50%的学时进行学生线上自主学习，与线下授课相结合，进行翻转式和混合式教学。至此，混合式教学成为一种高校本科教学改革模式。

由此可见，在《关于一流本科课程建设的实施意见》中，中国在政策领域已经开始从学生学习体验和学习质量的角度考虑混合式教学，即混合式教学的使用是为了打造优质课程，培养高质量的人才，进而提高中国高等教育质量。

从上述政策脉络中可以看出，高等院校混合式教学从原先的单一的精品课程线上分享，发展成为线上线下一体的混合式教学方法；从原先的优秀课程传播，发展成为高校教师教育教学中的主要手段；从一种课堂教学的"替代品"，发展成为促进个性化知识体系建构和创新性知识生成的"主导力量"。混合式教学将传统教学和在线教学的优势结合起来，实现了教学理念、资源、方式、环境的跨物理空间和跨时间空间的衔接,是中国高校适应人工智能时代发展需求的手段和方法。该模式要求教师能够全面把控课程内容和方式,合理设计线上和线下课程内容,妥善处理师生互动,及时了解学生需求,实现线上线下课程相辅相成,更好地服务学生学习,更高效地实现教学目标。

第二节 混合式教学概念

通过分析混合式教学在中国发展的政策脉络,不难看出,政策领域中的混合式教学的概念具有较强的包容性。它既可以包含统称的混合式教学或者"混合式学习",又可以只包含某一种教学方法,如使用慕课、翻转课堂、"雨课堂"等工具的教学方法。在科学研究中,诸多学者也对混合式教学的概念提出了自己的理解。例如,田富鹏和焦道利(2005)认为混合式教学是基于信息技术平台,利用传统和网络教学的方法进行教学。余胜泉等(2005)则认为混合式教学是一种新的学习理念,这种理念需要学生和教师的思想和行为也要随之改变。为全面把握混合式教学的概念,全方位的文献分析是十分必要的。因此,本节将对国内外关于混合式教学的研究进行梳理，以全面掌握混合式教学的概念。

一　国外研究综述

国外对于混合式教学的研究起源较早。早在1913年，爱迪生就断言，在未来的学校中传统意义上的书籍会消失，人们会通过一种动态的图像来传授知识。虽然在爱迪生之后的很长一段时间，这种动态图像式的教学都没有发生，直到20世纪80年代计算机及相关技术才开始应用在教育中。

自20世纪80年代起，国外关于混合式教学的研究便日益增多，这些研究在学科、年级和使用的工具中讨论了计算机和信息技术在教育中的应用。Tamim等（2011）利用元分析（Meta-analysis）的方法分析了1055份关于混合式教学的文献，得出信息技术的使用是否能够促进学生成绩，关键在于其是否能够满足教学设计需求、服务于教学方法的使用和教师的教学行为的结论。换句话说，混合式教学是否有效，关键要看教师怎么使用。由此可以看出，在国外的研究中混合式教学是一种教学方式和方法。Halverson等（2014）也认为，混合式教学是将面对面教学和线上学习方法结合的一种教学方法。随着科学技术的不断发展,线上学习的方法不断增多,混合式学习的内涵也在不断扩充。在国外的混合式教学研究中,很多研究均是首先关注教学设计(包括混合式教学模型的建立,混合式教学的策略、方法和实施,环境搭建和课程结构等);其次关注对混合式教学的感知(包括期待、态度、偏好、学生期待和学习方式);再次探究其深度(包括本质和作用、优缺点、现在发展状态和未来发展趋势、地位和作用、目标和发展方向等);最后,还有的研究关注学生在"混合式学习"下的成果,混合式教学和其他教学方式的比较(包括技术层面、师生互动层面),等等(Halverson 等,2014)。

从国外研究的关注点来看,混合式教学被理解为一种随着科技发展而不断扩大的、线上和线下相结合的教学方法。大多数研究均是围绕该方法的使用范围和效果进行探讨。

二 国内研究综述

与国外不同,中国对于混合式教学的研究起步较晚,而且受很强的政策因素影响,即随着政策的提出和重视,研究的数量随之上升。中国的混合式教学研究是从 2005 年发展起来的。根据彭芬和金鲜花（2021）的统计，中国混合式教学的研究可以划分为三个阶段：第一阶段是 2005—2008 年，混合式教学研究的探索期；第二阶段是 2009—2013 年，混合式教学研究的发展期；第三阶段是 2014 年以后，混合式教学研究的爆发期，特别是在 2019 年之后，混合式教学研究的数量急剧增长。这三个阶段的划分与中国混合式教学政策发展的三个阶段的脉络有一定的重合，由此也可以看出政策热点对中国教育研究热点问题的影响。

在研究内容上，国内的研究主要集中在：①混合式教学的理论和设计，包括其概念、目的、意义、步骤等；②混合式教学的实践探索，包括慕课、SPOC、翻转课堂等在实践中的应用；③混合式教学的设计及其影响因素，包括教师、学生、环境、评价。与国外研究相比，中国的研究鲜有探索混合式教学实施的优缺点，也很少关注对混合式教学的感知。造成这一现象的原因主要还是受政策导向的影响。在中国的研究中，混合式教学的研究关键词体现出一种综合性和系统性，即将混合式教学理解为一种包括教育教学理念、方法和实践的整体。在具体的课程教学研究中，大多数研究关注在思想政治理论课中如何应用，而非应用效果（彭芬、金鲜花，2021）。

与国外研究相同的是，国内研究也认为混合式教学是一个不断发展、不断扩充的概念。何克抗（2004）认为混合式教学就是把传统教学和现代教学（包括数字化和网络化）结合起来的教学方式。这样的教学方式既可以帮助教师实现主导作用，又可以激发学生的主体性、主动性和创造性。黄荣怀、马丁、邓兰琴等（2009）则认为混合式教学是一种教学设计方式，即包括前端分析、活动与资源设计、教学评价设计三个步骤。

三 混合式教学的概念特征

通过对国内外相关文献的综述发现，无论是国内还是国外都已经意识到混合式教学在教育教学中的地位和作用，但是在研究内容和关注点上还是存在一定的差距。例如，国外研究试图对混合式教学进行深度分析和挖掘，找出混合式教学研究的优缺点，特别是对于其问题的挖掘深度要比中国的研究深刻。中国的研究大多从宏观层面去探索混合式教学，探讨混合式教学实施步骤。虽然有些许不同，但国内外研究对于混合式教学的概念理解也体现出一些共性的特征。

（一）混合式教学是不断发展的概念

在国内外的研究中，混合式教学的概念有两个基本的组成部分，即线上和线下，或者传统和现代。但这并不意味着混合式教学的组成是固定的。随着科学技术的发展，可应用在教育教学中的技术和手段也在不断发展。由原先的慕课到线上教学，再到翻转课堂、"雨课堂"等。这些教育方法的提出，都不断丰富着混合式教学的概念。正是因为混合式教学概念的不断扩充和发展，给高等教育的发展带来了无限的可能性，也不断丰富着混合式教学的研究。与此同时，这样的无限可能性也同样给混合式教学的研究和实施带来很多难题，如混合式教学的实施情景会随着新技术和新手段的提出而改变。这就对教师的素质提出更高的要求，教师需要掌握信息教育素养（ICT），能够将新技术和新手段融入自己的教育教学中。

（二）混合式教学是传统教学和现代教学的一种有机融合

混合式教学中的"混合"就是传统和现代教学方式的融合。这种融合并不是简单的课堂时间比重的平分秋色，而是依据教学内容、学生特征、教师理解等因素而进行的混合。在中国当前对于混合式教学的规定中，无论是在政策层面还是在实施层面，都过度强调了线上和线下占总体课程的比例，特别是在对课程的评价中，比例的应用使评价标准更加直观。简单的数量化标准确实能够更有效率地推广混合式教学。然而，它却简化了混合式教学的内涵，在很大程度上用技术性效度取代了规范性效度（张庆玲、胡建华，2021）。传统教学和现代教学方式在混合式教学中应该实现有机结合，不仅是比例上的协调，还应该包括方式转换上的和谐、功能上的互助，等等。

（三）混合式教学是教学方式的选择之一，却不是唯一选择

随着科学技术的发展，混合式教学在课堂教学中的地位和作用会越来越突出，但它是否会完全取代传统教学，这一点还存在较大的争议。研究发现，在混合式教学实施中，学生在线学习时的学习投入（包括时间和精力上的投入）都要低于线下上课时的投入，进而导致线上学习的效果相对差，甚至有些学生无法独立自主地完成线上学习。造成学生线上学习投入低下的原因，主要是学生在进行在线学习

时能够感受的自我效能感比较低（Barak et al.，2016）。因此，混合式教学目前只是教师授课方式的一种选择，教师需要根据授课内容、学生特征等多个因素来考虑是否选择混合式教学方式。当前，关于混合式教学科学研究应系统性探讨如何缓解甚至解决现代化教学方式的一些弊端，充分挖掘混合式教学的优点。

第三节 混合式教学目标

一 混合式教学目标推导逻辑

在新冠疫情下，中国多数高校都积极以各种形式开展在线教学活动来响应党中央"停课不停教、不停学"[①]的号召。与此同时，线下教学形式也依然保持着一定的"出场时间"。这样的教学形态为未来混合式教学的大规模开展奠定了基础。然而，大多数高校对于如何"混合"依然存在困惑。有研究认为，线上教学比例占全部教学时间30%—79%的为混合式教学，高于80%的为在线教学，而低于30%

---

① 停课不停教、不停学：系疫情防控期间，教育部统筹整合国家、有关地方和学校相关教学资源，提供丰富多样、可供选择、覆盖各地的优质网上教学资源，全力保障教师在网上教、学生在网上学。

的则是网络辅助教学（Means et al.，2013）。但混合式教学仅仅是指线上和线下教学的结合吗？对于这个问题的回答，越来越多的学者都偏向于负面，即线上线下教学时间的比例并不是实施混合式教学的目标。混合式教学更应该以如何实现线上教学和线下教学合理配合，更好促进学生学习为目标（刘徽、滕梅芳、张朋，2020）。因此，混合式教学并不仅仅是一种技术在教育教学中的应用，而更应该是一种教学范式上的变革。在这种范式变革中，对于教学目标的重新审视是其核心。

重新审视混合式教学目标需要深入挖掘混合式教学的理论基础。目前，混合式教学的理论基础纷繁多样，代表性的有建构主义理论、联通主义理论、社会临场感理论等。很多研究都是基于这些理论去探索混合式教学的概念和目标。例如，建构主义理论在混合式教学中主要体现在两个方面：①混合式教学能够搭建符合建构主义理论需求的教学情境、资源和工具；②混合式教学需要教师具备"以生为本"的教育理念。联通主义理论认为教学的重点在于示范和演示节点的相互作用和连接过程，而学习的重点在于实践连接以及对连接进行辨识。与建构主义理论不同的是，联通主义理论更倾向于混合式教学中学生创新性的培养（冯晓英、王瑞雪、吴怡君，2018）。社会临场感理论则着重于混合式教学中主体（包括教师和学生）在利用互联网技术实现跨空间和跨时间的网络教学时的感受。该理论认为，与线下学习不同的是，学生在进行线上学习时，其学习环境和时间可能会存在差距。因此，如何调动学生的自我效能感，提高他们对教师、对教学以及对学习同伴的认同和感知是中国高校在实施混合式教学时需要关注和考虑的重要问题之一。

这些理论共同认同混合式教学是教育教学的一种方式和方法，它充分利用现代化的科学技术，结合传统和现代的教育方法促进学生成长、提高教育教学质量。随着互联网技术的发展，知识的获取和掌握不再仅仅依靠教师和学生在课堂上面对面的讲授，还有其他多种形式和方法。混合式教学是为了更好地挖掘优质教育资源诞生的。而优质教学资源的挖掘和利用同时会提高受教育群体的教育教学质量，即学习者的教育效果中（如更高阶的思维模式）。因此，混合式教学的目标是运用可利用的教育方法（包括传统和现代），创造合理且有效的教学情境，以更好地挖掘教育资源，培养更优的教育效果，提高教育质量。高校传统的文科教学方法仅仅局限于教师和学生面对面的讲授，无法也很难创造出与学科内容相匹配的教学情境，故而学生难以理解文科内容中的精髓所在。在新文科背景下，混合式教学的使用，一方面吸收了传统教学中对于基本知识的授课优点；另一方面能够利用信息化技术创造出不同的教学情境，及时收集学生在理解中的困惑，从而使教师明白学生学习中的难处，进而对症下药，提高教学质量。

二 高校对于混合式教学实施目标的理解

当前，中国高等教育创新发展势不可当，新文科建设也在各大高校如火如荼地开展。新文科要实现多学科的交叉发展和深度融合，利用科技和互联网等技术推动传统文科的全面升级。混合式教学必然是建设新文科的必要手段之一。然而在当前的新文科建设中，很多高校只利用了混合式教学的工具性，而忽视了其在教学目标中更深层次的意义。下面将以新文科背景下的中国财经专业慕课联盟建设为例，以此探寻目前高校对混合式教学目标的理解。

中国高校财经慕课联盟是由致力于推动财经类慕课发展的财经类院校、各类大学经管教学单位、

Economic-MOOC平台运营企业等自愿组成的、非营利性的全国性社会组织[①]。它的建立旨在推动中国财经教育在线课程的建设。已有44所财经类大学成为该联盟的理事单位，占据中国全部财经类高校的80%以上。李政辉和孙静（2022）以CiteSpace为研究工具，44所财经类高校出台的混合式教学实施制度为分析对象，深度挖掘了中国高校财经慕课联盟的理事单位中对于混合式教学的理解和实施。他们的研究结果显示，第一，各大财经类高校在其相关政策文件中，对于混合式教学平台的提及频次最高，包括学校自建平台以及引进平台（如"学堂在线""智慧树"等）。第二，各大高校的政策关注点在于线上线下的时间配比。例如，对外经济贸易大学规定线上学时要约等于该门课总学时的1/3，哈尔滨金融学院要求翻转课堂占总学时的20%—50%，等等。第三，高校关于混合式教学文件中对课程团队的介绍也较为丰富，包括课程负责人、助教、课程思政、工作量、知识产权等。第四，相关文件介绍了评价和保障工作。如课程成绩比例构成（线上学习成绩和线下考试成绩比例等）、经费、技术、组织

[①] 参见中国高校财经慕课平台网站，https://www.cjmooc.com.cn。

等保障。

从李政辉和孙静（2022）对全国80%财经类高校出台的关于混合式教学文件的梳理中可以看出，当前中国高校更多地关注混合式教学项目的建设，而且把混合式教学当成日常教育教学的组成部分，更多的是停留在混合式教学的实施形式要求中，对于混合式教学目标和意义的提及并不充分。造成这一现象的主要原因在于，当前高校过于关注教育政策的可行性及可操作性，而忽视了混合式教学中的灵活性和多变性。这样的做法容易造成混合式教学仅仅成为一种授课任务，即高校规定其教师需要完成多少任务量的线上和线下教学任务，而不去鼓励和激励教师依据自身教学内容，合理安排线上和线下教学方式。最终会让教师对混合式教学形成"任务式"的理解。

三　混合式教学目标在课程中的应然理解

除了高校需要正视混合式教学目标中的教育性，更重要的是，高校教师作为混合式教学的主导人，还需要熟知混合式教学在其课程中应用的目的。下面以教育学科中的"国际与比较教育"课程为例，详细探讨混合式教学目标在教师授课中的作用。

首先，需要明确的是，混合式教学是为了使"国际与比较教育"课程更好地实现其课程总目标。假定"国际与比较教育"这门课的课程总目标为：①培养学生国际与比较视野；②培养学生熟悉国外教育制度和相关历史；③培养学生阅读教育类外文文献的习惯。其次，按照课程总目标，教师需要将课程划分为具体的单元目标和课时目标。例如，在三个总目标下，教师可以将课程划分为三个单元，每个单元主要实现一个目标。这三个单元可以是相互交叉的，也可以是按照顺序一一进行的。在单元目标设定完之后，需要设立课时目标，即细化至每个课时中的目标。课时目标是为单元目标服务的。最后，教师需要探索实现目标的知识与技能、过程与方法、情感态度和价值观。具体的课程总目标组成如图 1-1 所示。

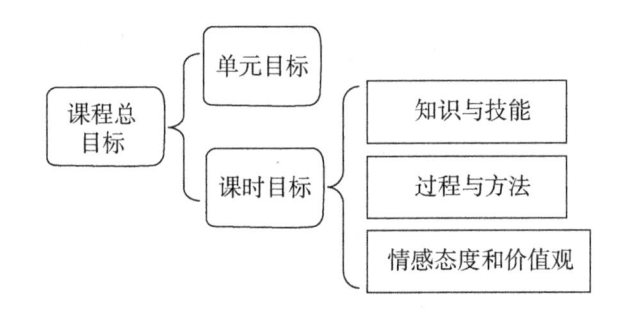

图 1-1 课程总目标组成

由图 1-1 可知，课程总目标可以细化为单元目标和课时目标，而课时目标又可以进一步细化为知识与技能、过程与方法、情感态度和价值观。这样的细化过程有利于为教师提供一个整体的课程框架和大体内容。在此基础上，教师才能够更好地理解混合式教学在实现课程目标中的作用。以实现培养学生国际和比较视野为例，教师可以根据划分文化的不同维度对不同的国家进行文化层次上的介绍，如在权力距离（Power Distance）上的差异、个人主义和集体主义（Individualism & Collectivism）上的差异、对于不稳定性的接受程度（Uncertain Avoidance）上的差异等（Hofstede et al.，2010）。但由于这些差异都只是存在于理论中，学生可能会在学习和理解中遇到困难。所以教师应该借助现代化教学工作，如电影电视片段、照片等为学生创造不同文化背景下的学习情境。因此，在此部分的课时学习中进行线上教学更为合适。学生可以在教师的引导下，充分挖掘网络上对于不同国家文化部分的介绍和描述，能够更加深入且细致地了解不同国家的文化，进而可以更好地理解 Hofstede 所说的文化维度差异相关的知识。但是由于网络信息纷繁复杂，此时教师要注重对网络知识和内容进行筛选并及时了解学生所查阅的知识和内容是不是真实且可靠的。在了解各国文化维度差异后，教师需要学生运用比较视野，此时可以组织学生进行线下小组讨论。对学生所理解的不同国家的文化差异进行系统性整理，然后组织学生对比分析这些差异。教师需要对讨论内容和框架进行及时的掌握和了解，并讲授正确的比较方法、思维习惯和价值判断等。这些教学内容需要线下授课时的及时和互动，因此，此课时更适合线下面对面授课。以此类推。

从上面的课时安排中可以看出，选择线上还是线下授课的标准是如何将课程内容和目标更好地传递给学生，更好地服务于学生的学习和成长。混合式教学指导教师利用新技术，打开新的教学内容、教学方法、教学评价等的"大门"，教师需要充分利用混合式教学实现课程目标。切记不能"本末倒置"，将利用混合式教学当成课程目标，而将学生学习当成配合混合式教学完成的"工具"。

第四节　混合式教学实现条件

中国高等院校混合式教学已成为必然趋势。但是从上文对混合式教学目标的介绍中可以看出，中国高校混合式教学的理解依然停留在对技术应用的追求阶段。因此，以服务学生学习为目标的混合式教学，还需要具备相应的实现条件，包括高校教师层面、学生层面、技术层面以及管理层面。

一 高校教师层面

教师作为混合式教学中的主要引导者，对于混合式教学的态度、了解程度和技能的掌握程度决定了混合式教学的实现方式。因此，教师需要具备混合式教学所需的相关素养，包括教学理念、教学知识和教学技能，才能够保障混合式教学顺利开展。

首先是教学理念层面。Liu 等（2022）指出教师的教学理念深刻影响着教师的教育知识和教学行为，因此必然需要教师理解这种教学行为的原因和意义及其背后的教育理念。如果教师无法理解教学行为背后的意义，那么教学行为将只能停留在表面，无法持续进行下去。在上文中，我们已经详细探索了混合式教学的理论基础，包括建构主义理论、联通主义理论和社会临场感理论。这些理论都反映了混合式教学是一种利用新技术、新教学方式来帮助学生更好地理解教育教学内容的教学方式。

该教学方式能够创建不同的学习场景、多角度挖掘教学资源，从而使学生学习效率和质量得以提高，进而促进高等教育质量的提升。教师需要了解和掌握混合式教学背后所包含的教育理念，才能正确地付诸实践。

其次是教学知识层面。当教师运用混合式教学方式进行教学时，他们需要对自己所教授的知识有全面且深入的了解。只有在熟悉知识的基础上，教师才能够知晓如何安排线上和线下授课的内容和形式，并且知道什么样的知识以什么样的形式进行授课可以最大限度地达到教学目标。除了教学知识，教师还应该对智慧教育有一定的了解，知晓当下教育技术及其应用。当前科学技术进步飞速，如何保障先进的科学技术能够更好地服务于教师教学，教师对于先进科学技术的掌握和了解至关重要。例如，Basham 等（2010）认为教师具备一定的 STEM 知识，即科学、技术、工程和数学知识，也是必要的。因为这些知识可以帮助教师更好地思考新技术在教学中的应用。

最后是教学技能层面。信息技术在教育教学中的应用是实施混合式教学的关键点。因此，信息技术的应用是教师所需要掌握的必要技能。例如，在

"雨课堂"、翻转课堂等教育形式中，教师需要利用"雨课堂"操作平台等相关视频和学习资料分享平台，对教学内容进行平台上的录屏、上传。不仅如此，教师还需要利用平台与学生保持及时的沟通，处理学生对于学习内容的线上反馈，利用平台对学生进行评价，等等。

二 学生层面

正如上文所述，混合式教学的理论基础之一是建构主义理论。这也就意味着混合式教学的实施主体依然是学生。学生需要主动地去建构、连接、探索教师利用技术所搭建的不同学习场景。因此，学生需要一定的素质和素养才能够保障混合式教学的实现。

首先，学生需要具备主动性。线上学习，相比线下学习，学生具备更大的自主性和无限性。学生在进行线上学习时，不是直接面对教师和其他学习同伴，而是面对学习平台。他们需要利用工具才能与"真实"的教师和同伴进行沟通。不仅如此，线上学习也能够突破传统教学时间上的限制，即学生不一定需要在固定的时间内完成学习内容，可以根据自身学习兴趣和方式，自主地选择学习时间。由此可以看出，混合式教学给学生带来了较多的自主性，如学习内容、学习时间、学习方式的自主。虽然有些自主学习安排受到教师或者平台的"监督"，但是相较线下教学，线上学习让学生有了更多的自主性。因此，学生需要具备较强的学习主动性，即主动地挖掘学习资源、主动地利用学习工具、主动地与他人（包括老师和同学）沟通和交流。只有这样，学生才能够真正成为混合式教学的主体，能够主动建构、连接和探索。

其次，学生需要具备批判性。混合式教学的实施，为学生学习打开了通往知识海洋的"便捷路径"，即互联网。然而在"海洋"之中，并非所有的知识都是正确的，还可能存在一些迷惑人心的错误信息。正如联通主义理论中所说的那样，在互联网时代，网络内容复杂多样，有很多"真"知识，也有很多"假"知识以及很多诱惑性内容。因此，在进行线上学习，特别是在线上搜索时，学生需要具备识别真知识的能力。因此，学生需要具备批判性，即对于网络信息资源的批判性。这种批判性是很难建立的，特别是对于多数经历传统教育的学生而言，他们相信"知识的权威性"，相信很多看似

"真理"的信息，却不去思考这些"真理"背后的真实性。这种"真假相混"的现状给线上教学和学习带来了很大的问题。因此，学生需要教师更多地引导其表达、沟通，教师和学生需要共同去分析网络信息的真实性、有效性和合理性，而且需要将分析过程透明化。因为只有这样，学生才能够意识到那些信息的错误之处，进而从信息"海洋"中辨别"真假"。久而久之，学生才能够养成批判性思维。

最后，学生需要具备反思性。"反思性"或者"反思意识"是学生需要掌握的基本能力之一。在中国教育中，特别是高等教育中对学生反思能力的要求较为常见。在很多的政策文件和科研论文中也都反复强调学生反思能力的重要性。然而，什么是反思性、如何具备反思性却很模糊。荷兰学者 Korthagen 和 Kessels（1999）提出反思模型，即 ALACT 反思模型（见图 1-2）。

从这个反思模型中可以看出，反思是需要在实践的基础上，通过回顾实践（如实践中出现的问题、实践中遇到的难题、实践中取得的成就等），归纳、整理影响实践的重要因素（如主观因素、客观条件等），并根据因素的重要性和关系，重新创造新的实践方式，进而尝试新的实践方式。而新的实践方式

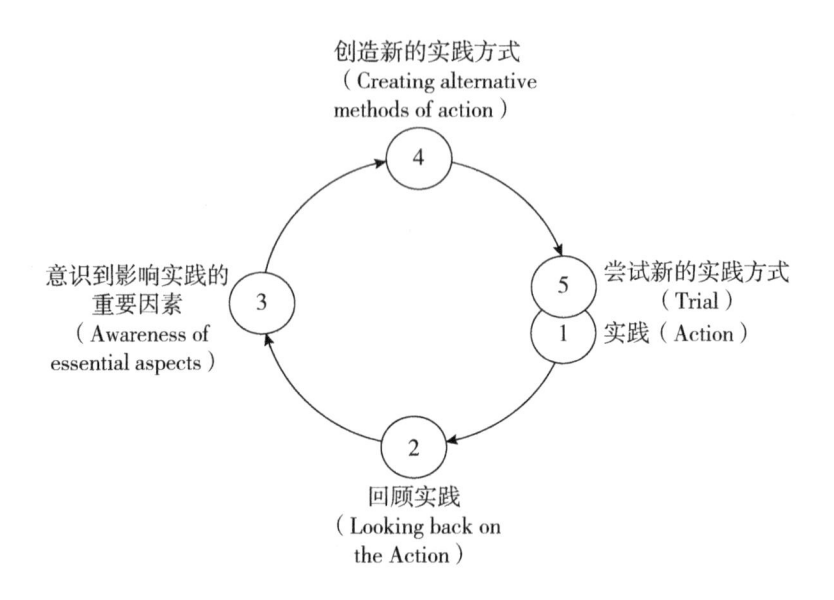

创造新的实践方式
(Creating alternative methods of action)

意识到影响实践的重要因素
(Awareness of essential aspects)

尝试新的实践方式
(Trial)
实践（Action）

回顾实践
(Looking back on the Action)

图 1-2　ALACT 反思模型

又可以进入新一轮的反思模型中。因此，反思能力是一个过程，而且是一个不会终止的过程。它能够不断改进人们对于社会的认知和理解，而且能够不断推动实践的进步。在混合式教学中，学生具有反思性主要是指学生能够将所学知识（包括线上和线下教学中的所学知识）以及在互联网中所了解到的相关信息带入实践，并通过实践，重新思考、重新判断这些知识和信息，进而促进实践的改进。只有这样，学生才能够真正理解知识，更好地判断信息的真伪，以及更有可能得出新的认识。

学生的主动性、批判性和反思性之间应该是相辅相成的关系，三者对于混合式教学的实现缺一不可。首先，只有学生具备主动性，才能够主动地学习知识、查阅信息、获取信息，进而批判性和反思性地判断知识与信息的"真伪"，从而建构符合自身理解的知识体系。并且只有学生具备主动性，才能够与别人（包括教师和同学）沟通自己的知识体系，教师才能够更好地帮助其成长和发展。其次，只有当学生具备批判性和反思性，他们才能够主动地辨别知识，思考知识和信息的真实性，思考知识在实践中的有效性，而不是一味地接受知识。

三 技术层面

混合式教学离不开信息技术，信息技术能够为混合式教学的实现提供手段和平台。但技术层面的实现条件并不只是一种手段和平台，而是一种配合，一种为实现学生学习和发展目标的技术与教育之间的配合。

技术层面的主体主要是企业，特别是互联网教育技术企业。随着慕课的兴起，大量教育技术企业随之建立，如国际知名的 Coursera、Udacity、edX 等，以及国内的超星、爱学堂等。这些教育技术企业与高校签订高额订单，为高校搭建智慧教室、维护智慧教室日常的使用、搭建线上学习平台等。然而，有些企业对于教师的配合度和技术（包括平台）使用效果的关注度并不很高。笔者曾与一家互联网教育技术企业的负责人进行过一次访谈。访谈中，笔者询问负责人其开发教育技术、搭建教育场景的依据是什么时，负责人表示他们首先从高校或者政府的政策文件中找到相关问题的"苗头"；其次对这些"苗头"进行深入跟进（包括询问相关领导）和关系性"公关"；最后在得到肯定的回复后，他们才会进行相关的技术开发（包括基本算法＋操作台建设），并最终将产品卖出。随后，笔者追问负责人他们是否会对技术的应用进行追踪调查，找到技术中的漏洞或者加强技术的教育意义时，负责人表示除非高校领导提出相关要求，否则不会。从这一对话中可以看出，企业对于技术的开发和使用忽视了技术本身的教育意义和作用，他们对于技术本身的挖掘和利用程度并不高，更不用提实现技术为教育目标服务的理念，这样导致高校虽然花费巨额资金来建设"智慧教室""多媒体课堂"等，但是多数背后所包含的技术含量并不高，作用相对单一。企业作为技术提供者，其专业性，特别是其对高等教育教学的理解还有待加强。

企业应该切合实际发展需求，而不仅仅是完成上课"录像"、对文档类别整理等基础性工作，应该一步一步稳扎稳打，提高技术手段，切实为混合式教学的实施服务。这就需要企业：①做好前期调研：组建专家团队，收集并分析数据，充分挖掘混合式教学中所遇到的问题和困难；②做好技术研发：从技术层面思考如何解决混合式教学中的问题和困难，以及丰富混合式教学方法的可行性；③做好应用推广：该推广与之前所提到的"公关"是完全不同的。这里的推广是指企业需要从实际操作中找到自身产品的优点，并着重强调这些优点对混合式教学的益处，以此来吸引高校的"青睐"。只有这样，才能保证技术的适切性、保障技术的创新性，进而提高技术和教育之间的配合度。

四 管理层面

混合式教学的管理和组织层面主体是政府和高校。在上文中的混合式教学政策脉络梳理中，我们已经详细探索了政府层面对混合式教学实施的要求和提供的保障。中国政府对于混合式教学的实施非常重视，并且也在大力推广混合式教学。2022年3月28日，教育部推出了多个国家级智慧教育平台（包括国家中小学智慧教育平台、国家职业教育智慧教育平台、国家高等教育智慧教育平台等），并鼓励各级各类学校积极推广这些平台，提高平台的使用效率。由此可以看出中国政府对于实施混合式教学的决心和力度，但是政府的政策文件中存在一些过细的规定，特别是对于需要一定学术自由的高等教育学校而言，有些细致的规定会在一定程度上限制教育目标的实现。如政策中规定了"混合式教学"中线上线下的教学时间比例、实施混合式教学课程的数量等，而正如上文中的描述，混合式教学应该为教学目标服务，在线上和线下教学方法的选择上应按照学科和课程目标和内容而定。因此，一些过细的规定会导致高校过分关注量化的指标，而忽视了对混合式教学的目标和教学质量的追求。

从学校的角度来看，根据上文对中国80%的财经类高校的混合式教学相关政策的分析，高校对于混合式教学的实施依然停留在为了实施而实施的理解上，即需要完成政策中关于混合式教学中的一些量化的指标，而没有利用自身的师资力量和专业特色来探索符合本校发展的混合式教学方法。

因此，政府和高校需要明确自身在混合式教学实施中的角色和定位，认准混合式教学的实施目标是提高教育质量。在这一目标的指引下，政府和高校之间不能仅仅是"政策制定者和政策实施者"的关系，还要发挥不同的作用。笔者认为，政府在混合式教学中的角色应该是"向内的激励、向外的监管"。首先，政府在向内（面对高校）时，需要在政策制度中以鼓励为主，在明确目标的基础上，适当放宽对混合式教学方式和比例的要求。政府可以利用举办高校混合式教学大赛等形式，鼓励高校推动混合式教学的实施。同时，对于这种类型的大赛，不能限于对教育形式的评判，还要判断教学形式是否贴合教学目标，对教学效果进行深层次的评判。只有这样，才能够引导高校正视混合式教学，更关注教学目标而非教学形式上的比重。其次，政府在向外（面对市场）时，需要加强对教育技术市场的监管。当前互联网教育技术公司繁多，并且市场上教育技术的产品也多种多样，导致教育技术市场较难管理。政府需要建构相应的教育技术市场和产品的监管制度，以维持教育技术市场的稳定和健康发展。当政府把握住"向外的监管、向内的激励"的角色和定位，才能够为混合式教学的实施提供较为坚实的"土壤"。

　　高校在实施混合式教学时，也需要摆正自己的角色和地位。高校是促进创新、提高发展的主要动力，而这种动力并不是通过数据化的标准和强硬的要求就能够实现的。高校首先应该深刻意识到混合式教学是促进创新、提高教学质量的方式和手段之一，即混合式教学是提高教学质量的重要手段，但并不是唯一手段，进而也需要对混合式教学的实施条件进行进一步的调查和了解。其次，高校应该加强对混合式教学的鼓励和宣传。很多高校教师，特别是老教师，对于混合式教学的接受度和操作度都不高。对于这种情况，高校需要加强引导和鼓励（如召开混合式教学宣传会等），而不能仅仅依靠行政手段强行施压。再次，高校应该成立专门的智慧教育办公室。该办公室主要负责审查与学校有合作意愿的教育技术企业及其产品在混合式教学中的使用率，这样能够保障资金的投入效率。该办公室还可以定期收集教师对于教育技术的需求，并且积极鼓励高校内相关理工科教师参与技术研发，充分挖掘学校内部资源。最后，高校需要给予教师教学方式选择的自主权。混合式教学是服务于教学内容和目标的，而高校教师是教学内容和目标最直接的决策人。学校在推广混合式教学时，需要充分相信教师，他们会选择正确方式进行教学，而不是一味地要求教师必须按照"正确"方式进行教学。

新文科背景下，中国高校混合式教学的实施需要政府、高校、教师、学生和企业共同努力。政府应该做好领路者、规划者和管理者，对混合式教学的实施目的、教育技术市场等做好引导。高校需要做好组织者和服务者，对混合式教学进行宣传和组织，为教师和学生进行混合式教学提供服务。教师是混合式教学实施的主导者，他们要从理念上真正接受混合式教学，从知识和技能上合理运用混合式教学。学生是混合式教学实施的主体，他们要能够正确利用混合式教学方法去建构、连接和探索知识。企业，特别是教育技术公司，它们是混合式教学的配合者，需要将自身的教育技术产品与政府、高校、教师和学生进行配合，以更好地实现混合式教学。

第五节　混合式教学评价机制

新文科背景下，中国高等院校混合式教学目标是为提高学生的学习积极性而服务，为提高高等教育质量而服务。因此，它的评价机制应该包括两个方面，即宏观评价和微观评价。

一　宏观评价机制

宏观评价主要是指混合式教学对中国高等教育质量的促进作用的评价。在中国混合式教学正式提出和兴起时间较短，当前对于它的应用虽然在政策和研究领域偏向积极，但是国外已经有一些研究对于混合式教学提出了担忧，如对大数据隐私的保护、对混合式教学特别是线上教学学生完成度的担忧等。笔者认为现在说混合式教学一定是合理、有效的还为时过早，对于混合式教学的成效需要进行国家层面的数据收集和分析。因为新冠疫情的原因，中国大多数高校已经实施了混合式教学，大多数教师和学生参与过混合式教学活动。因此，对混合式教学的宏观层面的评价可以从对其的实施情况、教师和学生接受程度、教师技能层次、学生情感和态度层次以及学生知识技能提升效率和质量等方面进行大范围、大规模的数据调查。这样的数据收集、调查和分析需要由国家相关教育部门领头，由国内外顶级教育专家、学科专家等共同完成。最终形成的宏观评价应该是分门别类的,即学科分类(是否所有学科都能够进行混合式教学)、知识分类(是否理论知识、应用知识等所有知识都能够进行混合式教学)、级别分类(是否不同类型的高校都适合进行混合式教学)等。

在验证完混合式教学不同维度的效度后,政府相关部门可以组织相关专家和学者按照不同的学科、知识和级别分类建构评价标准。如应用型大学混合式教学评价标准、高职院校混合式教学评价标准、地方高水平大学教学评价标准等。这些评价标准应包含对混合式教学的目标、效果、方式等全方位的规定。而且在评价方式上,可以实施学校自评和专家论证两种形式,以保障评价方式的全面和公正。

高校混合式教学的宏观评价能够保障混合式教学发展整体质量,是促进混合式教学发展的必要手段。区分和检验混合式教学的信效度以及建构标准体系应该是宏观评价实施的前提。

二 微观评价机制

微观评价主要聚焦教师教学,即判断教师是否正确实施了混合式教学,是否将自身的教学知识通过混合式教学传递给了学生，是否利用混合式教学促进了学生学习。上文提到，在混合式教学的实施中，高校应该给予教师充分的自主权和自由权，但是这并不意味着教师可以随意进行混合式教学，高校需要根据教育目标对教师的混合式教学进行评价。根据混合式教学的实施特点，对教师课堂的评价是一种过程性评价，分为课前、课中和课后三个阶段。

在课前阶段，首先需要对教师所提供的教学目标和其教学方式进行匹配性评价，即教学方式、教学目标和教学内容是否匹配。以"国际与比较教育"这门课为例。教师的教学目标之一是培养学生的比较思维，并且找到相关国外影视资料和文献内容在课前通过线上平台传递给学生，要求学生提前观看。那么这些资料和文献是否能够帮助教学目标的实现需要教师进行审思。并且，在进行查阅前，教师需要向学生描述课程内容和授课方式的合理性。这样的描述是否符合学生学习需求，是否能够正确地引导学生也需要纳入评价。在课前阶段，学生是否能够根据教师所提供的学习资料或者教学引导来进行自学，是否能够理解教学的重难点，如果有困难是否能够及时与教师沟通和交流等，都是评价课前阶段的重要内容。

课中阶段的评价是指对教师线上和线下授课过程的评价，包括教师是否能够及时解答且正确解答学生所提出的问题，教师在线上授课中是否能够正确引导学生进行讨论和协作，是否能够将正确的知识观、世界观和人生观传递给学生，学生是否能够通过线上学习完成课程目标，等等。然而，这样的课中评价其实在实施层面上具有很大的困难，因为教师和学生的很多行为在线上教学中是隐性的，而且学生和教师之间的互动也大多停留在言语中，而言语可能造成"异议"。所以对于教师的课中评价要谨慎和细致，要与教师保持沟通和交流，不能只依靠相关硬性标准就对教师和学生的课中表现作出评价。

课后阶段的评价主要是评价教师处理学生反馈和作业的态度和技能，以及教学效果。混合式教学的最大特征之一在于突破了学习的时间限制。这造成学生会选择符合自己学习规律的时间段来进行学习，那么此时教师收到的学生反思和学生评价可能具备时间上的差异性。因此，教师如何对待这样的差异、如何处理学生的反馈和批改作业都应该纳入评价体系。另外，对于教学效果的评价主要是对于学生学习能力的评价。正如联通主义理论提出的，在混合式教学中，知识"本体"的重要性已经大大降低，学生可以通过各种渠道找到"正确答案"。因此对于知识掌握程度上的评价已经显得不那么重要了。教师更需要培养学生的反思能力、辨识能力以及逻辑能力。因此，对于教师教育结果的评价也需要做出一定的调整，不能仅仅专注于学生知识层次上的变化，还需要关注学生学习能力的提高。

因此，笔者认为当前对于混合式教学的评价方式还需要不断地实践并改进。混合式教学的评价不仅仅包括宏观层面上的引导和规划，还有对微观层面上教学质量的评价。而且无论是宏观上还是微观上的评价机制都是需要遵循一种客观且合理的方式。当前中国教育体系中对于混合式教学的评价方式过于单一，大多是对混合式教学的比例和实施手段进行评价，而对结果的评价比较缺乏。大多数评价忽视了混合式教学中的一些问题，如学生学习效果的问题，教师教学目标、内容和方式匹配的问题，等等。找不到问题，就找不到对策。造成这一现象的原因是，一方面受政策导向的影响，即国家政策中重视推广混合式教学，因此很多评价主体（包括高校）就想当然地认为混合式教学一定是正面的、适用的、有效的。另一方面新冠疫情期间，混合式教学已经成为多数高校教学的唯一手段。后疫情时代应重新考量混合式教学的成效，全面且深入地评价混合式教学。

本章详细探讨了"高校混合式"教学在中国发展的政策脉络、概念、目标、实现条件和评价机制。可以看出，中国高校混合式教学的提出和发展在当前具有很强的政策引导性，即中国对于混合式教学的概念、目标、实施和评价当前都与政策要求高度一致。这样的高度一致一方面有利于混合式教学的实施和推广；另一方面，限制了对混合式教学的反思，即大多数研究极力推动混合式教学，而鲜有研究反思实施混合式教学中的弊端和缺陷。

在新文科背景下，高校混合式教学已经势不可当，混合式教学能够为新文科的发展提供思路，找到突破口。但无法否认的是，当前混合式教学的实施和发展确实存在一些问题。只有正视这些问题，才能够正确理解和实施混合式教学，才能够真正促进中国高等教育高质量发展。

第二章　高等院校混合式教学理论

随着第四次工业革命的不断深入，互联网技术、移动终端、类人智能技术逐渐融入传统学科（包括哲学、文学、教育学等传统文科）中，形成了"新文科"。在新文科背景下，混合式教学是实现高等教育信息化的必要手段。混合式教学是介于传统教育教学和信息化线上教学中的一种新的教学模式。该教学模式既包含传统教学中的教育理论、目标、条件要素和评价方法，同时也具备信息化教育中的新理论、新目标、新条件和新评价。混合式教学模式在中国高等院校的提出和发展并不是一蹴而就的，它是在对以往线上教学模式经验进行总结的基础上，针对新时代技术发展和教育方式更新的需求而提出的。

第一节 混合式教学的核心内涵

以教育信息化带动教育现代化，是中国教育事业发展的战略选择，也是实现中国教育高质量发展的必由之路。2018年4月13日，为深入贯彻落实党的十九大精神，加快教育现代化和教育强国建设，推进新时代教育信息化发展，培育创新驱动发展新引擎，结合国家"互联网+"、大数据、新一代人工智能等重大战略的任务安排和《国家中长期教育改革和发展规划纲要（2010—2020年）》《国家教育事业发展"十三五"规划》《教育信息化十年发展规划（2011—2020年）》《教育信息化"十三五"规划》等文件要求，教育部发布《教育信息化2.0行动计划》（简称《行动计划》）。《行动计划》指出，要适应信息技术特别是智能技术的发展，积极推进"互联网+教育"，坚持信息技术与教育教学深度融合的核心理念，坚持应用驱动和机制创新的基本方针，建立健全教育信息化可持续发展机制……推动中国教育信息化整体水平走在世界前列，真正走出一条中国特色的教育信息化发展路子。

实现信息化赋能高等教育以培养一流人才，应坚持以学生为中心，引导学生多读书、深思考、善提问、勤实践，激发学生的学习潜能和学习兴趣。但是多年来高等院校老师普遍面临一种困境：尽管课前一丝不苟地备课、不断丰富着教学设计，以期激发学生的学习热情，但在课堂上还是会遭遇沉闷且乏味的窘境。如何上好一堂课？如何才能活跃课堂气氛、激发学生潜能？这是很多高等院校教师苦苦思考的问题。造成这种困境的症结在于，"以教师为中心"的传统课堂教学虽然设计精巧细致，但没有充分考虑到学生的真正需求，传递不到位，失去了教学的有效性。恰如教育理论家苏霍姆林斯基所言：学校学习不是毫无热情地把知识从一个头脑里装进另一个头脑里，而是教师和学生之间每时每刻都在进行心灵的接触。

在长期的单向传输式课堂教学模式下，教师和学生均被约束在有限的时间和空间里，沟通交流不畅，彼此缺乏了解。这种不合适的教学模式难以调动学生学习的主动性。在"互联网+"时代背景下，世界不同的角落已跨越了时间与空间障碍，面对面不再是人们交流的唯一方式。学生的交流、思维方式和学习习惯随之发生较大变化，教与学的供需矛盾持续加剧。

如何改革创新教学模式，才能克服传统课堂教学的弊端，以匹配学生的偏好，对接学生的需求，实现学生对高等教育课堂教学的预期呢？在线学习和面授学习相结合的混合式教学，融合了线上学习优势和传统课堂教学优势，能够有效地避开传统教学的限制，是对高等院校教学的一次根本性的重新设计，在高等院校中日益流行起来。[①] 发展混合式教学成为中国高等教育信息化领域的共识。混合式教学充分吸收了信息通信技术的巨大潜力，其灵活、便于实现、能够整合复杂的多媒体和技术等特点都具有很高的实用价值，契合中国发展高等教育信息化的本质，能有效解决师生教与学的供需矛盾。在混合式教学中，教师作为教育工作者，可以充分利用线上工具与资源，弄清楚授课学生的已有经验和学习现状。根据授课对象的不同，及时调整自己的教学目标和教学方法，发现他们的学习潜能，激发他们的学习兴趣，帮助学生学会知识的迁移，让他们具备求知欲、探索欲以及创新精神和创造力。让学生发自内心地感受到学习的过程并不是痛苦的，还可以很有乐趣，使课堂成为学生真正需要的学习

---

① http://www.nmc.org/publications/.

场所。对于学生而言，混合式教学"双主"模式尊重学生的差异性，解决了传统课堂教学交流与协作互动问题，同时学生也能够灵活地进行线上学习，拓展和内化知识，丰富学习内容。

一 从数字化学习（E-Learning）到混合式教学（Blended Learning）

混合式教学一词最早由印度国家信息学院（NIIT）提出。2002年NIIT在《混合式教学白皮书》中提到：混合式教学应该被定义为一种学习方式，这种学习方式包括面对面、实时的E-Learning和自定步调的学习。21世纪初，人们对混合式教学模式的定义渐渐达成一个共识，即一种面对面授课和以技术为媒介的教育的结合。比如，柯蒂斯·J.邦克（Curtis J. Bonk）在其编著的《混合学习手册》中，将混合式教学界定为：面对面教学和计算机辅助在线学习的结合（a combination of face-to-face instruction with online learning）。

混合式教学的英文表述主要有两种，一种表述为Blending Learning，另一种表述为Blended Learning。其中，Blend英语本意指"混合""掺和"，但同时也有"融合""调和"等含义。柯蒂斯·J.邦克认为"blended"能够较好地表述"融在一起""使取得更好的效果"的含义（Mix together and make things better），它有"结合后产生更好的效果"的含义，因此建议使用"Blended Learning"（詹泽慧、李晓华，2009）。站在教师的角度，Blended Learning可译为混合式教学。但是，也有很多学者站在学生的角度，将其翻译为"混合式学习"。本书所说的教学包括教与学双边活动，因此将混合式教学与"混合式学习"两种术语的内涵视为一致，并统一称作混合式教学。

Blended Learning是由E-Learning演化而来的。20世纪80年代开始，源于计算机技术与网络技术的发展，一些学校和商业机构开始开发在线学习平台，在线教学迎来1.0时代。在线学习平台的主要理念是"以资源为中心"，通过在互联网平台上搭建资源管理平台，为学生提供学习资源管理与服务，带来教育领域的一场变革。在线教学的变革主要体现为：一是文化思维模式发生改变，现代信息技术使得传统教育中的阅读、写作和计算三大文化根基发生裂变；二是思想观念、体制模式发生变化，学校教育体制向终身教育体制发展，从而需要改变原有的教学模式以顺应21世纪"学会认知、学会做事、学会个体生活、学会生存"的人才培养目标（黄荣怀等，2006）。

伴随这场教育变革，许多新的教学形式开始出现，其中具有代表性的教学形式就是E-Learning。较早使用E-Learning在线学习平台的是美国普林斯顿大学。E-Learning在线学习平台主要用于存储和发布数字化资源。数字化资源由教师制作或者购买，并由教师发布到平台上，供学生下载或者直接使用的资源。但该平台只具备发布、存储和提供资源的功能，其余的教与学活动仍要在教室进行，通过传统的面对面的交流来完成。

E-Learning教学模式具有开放性、共享性和协作性等特点，能够支持学习者自主学习。人们希望通过E-Learning教学模式的研究与实践，最大限度地发挥学习者的主动性和积极性。国内学者何克抗指出，E-Learning可译为网络化学习、电子化学习和数字化学习。本意指网络化学习，但也包括数字化学习，由于电子化学习较为宽泛，因此E-Learning译为数字化学习较为合适。在美国教育部2000年度的《教育技术白皮书》中关于E-Learning论述的基础上，何克抗进一步将E-Learning定义为一种通过互联网进行学习与教学活动的新模式。这种模式充分利用现代信息技术，凭借全新的交流机制和丰富的学习资源，改变了传统教学中教师的作用和师生之间的关系，从而从根本上改变了教学结构和教育的本质（何克抗，2002）。

E-Learning 整合了现代信息技术与学科课程，建构了一种理想的教学环境，创新了学习方式，改革了教学结构，适应了 21 世纪创新人才培养需求，能够在一定程度上发挥学习者的主动性和积极性。许多研究表明，E-Learning 教学模式使得学生能够灵活地获取知识，增强学生分析问题和解决问题的能力，并进一步提升学生的创新能力和组织能力。然而，E-Learning 能否彻底取代传统的面对面的教学方式始终受到教育界和学者的关注和质疑。2000 年美国《教育技术白皮书》提出下述观点：E-Learning 教学模式较好地实现了某些教育目标，但是，E-Learning 教学模式不能取代传统的课堂教学，也不能够取代学校教育。"纸上得来终觉浅，绝知此事要躬行"，传统的面对面的教学方式与 E-Learning 将呈现出一种长期共存的局面，即混合式教学。

二 什么是混合式教学

关于什么是混合式教学，国内外学者有多种解读。Voci 和 Young 最早明确提出混合式教学理念，他们基于建构主义学习、人本主义学习、教育传播等理论，主张将不同的学习时间、学习环境、学习资源、学习方式等进行有效融合，促使线下课堂学习和线上网络学习实现优势互补，从而最大限度地优化学生的学习效果（Voci E., Young K., 2001）。前面提及的柯蒂斯·J. 邦克将混合式教学定义为面对面教学和计算机辅助在线学习的结合（詹泽慧、李晓华，2009）。加里森（Garrison）认为混合式教学是一种融合了课堂面对面学习体验与在线学习体验的学习模式。迈克尔·霍恩（Michael B. Horn）和希瑟·斯特克（Heather Staker）认为混合式教学包括三个方面：一是在线学习，指在任何一种正式的教育课程里，学生的学习过程至少有一部分是通过在线形式进行的，学生在一定程度上可以自由地控制学习时间、学习地点、学习路径或进度；二是在有教师督导的地点进行，即在教师督导下，学生学习的一部分是在实体课堂里进行的，而不是在家中开展学习活动；三是一种综合性的学习体验，在某个课程或者科目中，每个学生学习路径的不同模式是互相关联的，在线学习的内容和在实体场所学习的内容可以共同构成一个完整的课程内容，学生获得的是一种综合性的学习体验。美国著名教育工作者莉兹·阿尼认为，混合式教学有别于"技术型教学"。混合式教学是以学生学习为中心的正规教育形式，教学形式包括让一部分学习活动在线上进行，可以对学生学习的时间、地点、途径和进度进行把控，另一部分学习活动则需要在教室里在教师的监督下完成。每位学生都可以根据自身的实际学习状态来获得一种综合的学习体验。

中国教育信息化技术标准体系研制的引领者祝智庭和孟琦等将混合式教学理念引入中国教育领域，认为混合式教学的重点不在于"混合"哪些事物，而在于如何"混合"以达到最优的教学效果（祝智庭、孟琦，2003）。这意味着，混合式教学中的在线学习部分和受到监督的线下实体场所学习部分看似各自独立，实际上相互关联。教师如何兼顾平衡，将线上线下学习的各个模块组合成一门完整的课程架构，是实现混合式教学的最大挑战。

混合式教学这一信息化教育改革思想的提出，

引发了国内其他教育研究者对混合式教学理论的深入研究。何克抗（2004）认为混合式教学是将传统学习的优势与 E-Learning 的优势相结合，混合式教学不仅能够发挥教师的主导作用，更能在学习过程中体现出学生的主体地位。只有将二者的优势相结合，才能达到最佳的学习效果，即混合式教学既强调教师引导、启发、监控教学过程的主导作用，又注重调动学生作为学习过程中主体的主动性、积极性和创造性。黄荣怀等（2006）认为，从教与学的角度来看，混合式教学是面对面教学与在线学习的混合，不是简单地将教学要素叠加混合，而是进行了要素的"搅拌"和有机"融合"。混合式教学的核心是在"合适的"时间，为"合适的"人采取"合适的"学习技术和适应"合适的"学习风格而传递的"合适的"技能，来优化与学习目标对应的学业成绩。

尽管对传统教学与网络教学模式的相对优劣存在争议，但单纯的课堂讲解或网上个别化学习都是不可取的这一观点获得了一致认同。结合了传统教学优势和网络学习优势的混合式教学模式，既融汇了传统教学模式下教师的指导和监督，又贯穿了网络学习模式下学生作为学习主体的主动与积极性，无疑为高等院校平衡网络学习和传统教学提供了最佳答案。

在混合式教学内涵的界定上，国内外学者普遍达成共识，即混合式教学是教育信息化浪潮中诞生的一种新的学习范式，强调在线学习与传统面对面课堂教学的有机融合，以实现最佳的学习效果。混合式教学概念的界定，不仅仅是各种要素在物理上的"混搭"，而且要突出其本意即"融合"和"有效"两个基本要求，从形式上避免与网络辅助教学相混淆。混合式教学与网络辅助教学的对比见表2-1（管恩京，2018）。

表2-1　　　　混合式教学与网络辅助教学的对比

第一阶段：资源建设	第二阶段：网络辅助	第三阶段：混合式教学
教师需要将课程简介、教师信息、课程标准、教学日历、考核办法、授课教案、参考资料等教学基本信息和主要教学材料"攒"到网络教学空间	教师在共享教学资源的同时，需要"用"网络教学空间发布课程通知、开展学情调查、布置和批改作业、组织网上讨论和答疑、完善试题库和组织在线测试等	教师在利用网络学习空间的基础上，需要转"变"教学模式。课程组教师开展协同备课、授课，形成课程建设合力；灵活运用翻转式、探究式、讨论式、协作式等教学方式，形成具有一定特色的课程信息化的教学模式

因此，为了避免混合式教学在概念上泛化，让混合式教学在概念与内涵上更易于理解和接受，本书综合前述学者的观点，将混合式教学与网络辅助教学进行有效区别，将混合式教学定义为：基于现

代教育信息技术，有机融合线下和线上两种教学方式，高效整合教学媒体、教学方式、教学内容、教学场所及教学评价等授课要素，构建新型的"教师为主导、学生为主体"的教学结构，体现"以生为本"的一种现代化的教学模式。

第二节　混合式教学的理论基础

古今中外关于教学论的思想源远流长。中国古代以孔孟为代表的儒家教学思想中关于教的方法、学的方法以及教学与学习关系的观点，如"学而知之""举一反三""不愤不启，不悱不发""有教无类""因材施教"等，以及近代的进步思想家和教育家梁启超、蔡元培、陶行知等倡导的教学要重视发展儿童的个性等主张，对于今天的教育教学都富有启迪意义（何克抗等，2016）。国外教学理论的发展，无论是萌芽期的思想家苏格拉底、柏拉图等的思想，还是近代捷克教育家夸美纽斯的"大教学论"、德国赫尔巴特和瑞士裴斯泰洛齐在教学活动程序上的探索、美国教育家杜威的"儿童中心论"和"做中学"思想以及苏联凯洛夫的五步教学理论，尽管各有局限性，然而对于今天的教学指导仍具有积极的借鉴意义。近几十年间,教学理论一直在不断地发展,如斯金纳的操作条件反射理论、布鲁纳的认知发现理论、加涅基于信息加工理论提出的九大教学活动程序、受建构主义理论影响而形成的"以学习者为中心"的教育思想与教学观念以及被誉为"一个数字时代的学习理论"的联通主义理论等,都为混合式教学的形成提供了丰富的科学依据。

一 行为主义学习理论

心理学于 19 世纪后期成为一门公认的科学,被定义为意识的科学。美国心理学家们认为不能把"意识"作为心理学的研究主题,他们用"行为"将其取而代之。行为主义学习理论(Behaviorist Theory)最早由美国心理学家约翰·沃森(John B. Watson)提出,是当今学习理论的主要流派之一,运用行为主义的理论和方法来研究学习。1913 年,约翰·沃森在美国《心理学评论》杂志上发表题为《一个行为主义者所认识的心理学》的论文,研究有机体与其环境之间的关系,引发了行为主义运动。约翰·沃森在条件反射实验中印证了巴甫洛夫的研究成果(巴甫洛夫指出犬科动物会对外界刺激做出条件反射，人类也可能受到类似刺激的影响）。约翰·沃森认为心理学是自然科学的一个纯客观的实验分支，其目标在于预见和控制行为，建立行为主义心理学的出发点是分析人和动物是如何适应其环境和研究引起有机体作出反应的刺激（屈林岩，2008）。约翰·沃森把人类的复杂行为看作一个刺激—反应（S-R）过程。其中，刺激包括来自身体内部的刺激和体外环境的刺激，而反应总是随着刺激而呈现的。因此，行为主义学习理论也被称为 S-R 学习理论。

行为主义学习理论研究成果较为丰富，21 世纪以后仍在持续进化。学术界一直在广泛研究行为主义，形成了多种观点，但难以达成一致。目前，行为主义学习理论代表人物主要有沃森、巴甫洛夫、桑代克、斯金纳、班杜拉等（见表 2-2）。

表 2-2　　　　行为主义学习理论代表人物及其主要观点

代表人物	理论	主要观点
沃森	行为主义理论	学习是一种刺激代替另一种刺激建立条件反射的过程
巴甫洛夫	经典条件反射理论	几种基本的学习现象：强化、抑制、恢复、泛化和分化
桑代克	联结主义理论	学习的实证在于形成 S-R 联结； 人和动物遵循同样的学习规律； 学习的过程是尝试与错误的渐进过程
斯金纳	操作条件反射理论	反射学习是 S-R 的过程； 操作学习是 S-R-S 的过程； 刺激加强的不是 S-R 的联结，而是行为发生的频率

续表

代表人物	理论	主要观点
班杜拉	社会学习理论	三元交互决定论：认知、行为和环境三者相互影响；重视榜样的作用

桑代克（Edward Lee Thorndike）是教育心理学体系和联结主义心理学的创始人，是心理学史上第一个用实验来研究动物心理的人。受达尔文进化论思想的影响，桑代克认为人和动物的心理具有连续性。他基于动物学习的实验研究，提出了联结主义学习论，认为学习是联结的形成和巩固。所谓联结，即在刺激与反应之间建立起的稳固的联系。联结的建立是通过尝试错误的方式形成的。

桑代克提出三条学习定律：准备律、效果律和练习律（滕妍、姚雯雯，2014）。

（1）准备律。学习者是否会对刺激做出反应，取决于他是否做好了准备。例如，在迷箱实验中，猫只有在饥饿状态下，才会进行学习活动；如果猫吃饱了，就只会蜷缩在那里睡觉，不会有任何试图逃出迷箱的行为。这条定律实际上是说学习需要由动机唤起。

（2）效果律。如果一个反应带来的结果是令人满意的，学习就会发生；如果反应的结果是令人烦恼的，学习就不会发生。满意的程度越高，刺激与反应之间的联结就越强。

（3）练习律。练习律分为应用律和失用律。应用律指一个已形成的可变联结，若加以应用就会变强；失用律指一个已形成的可变联结，若长时间不应用，就会变弱。

行为主义学习理论发展到第二阶段，形成以斯金纳（Burrhus Frederic Skinner）为代表的新行为主义学习理论流派。斯金纳对桑代克的基础研究进行了改进，发明了著名的斯金纳盒子。在这个盒子里，白鼠学会按下一个杠杆来获取食物。每次白鼠推杠杆，就会得到食物，这就加强了白鼠的行为。由此，斯金纳认为有机体不仅仅是对环境作出反应，它们也会根据先前的经验对环境作出反应。有机体作出的反应与其随后出现的刺激条件之间的关系对行为起着控制作用，它能影响以后反应发生的概率。如果一个操作（自发反应）出现以后有强化刺激尾随，则该操作的概率就会增加；已经通过条件作用强化了的操作，如果出现后不再有强化刺激尾随，则该操作执行的概率就会减少，甚至消失。

斯金纳盒子实验表明，当某种行为能够带来期望的结果，这种行为就会不断地出现；反之，则不断减少直至最后消失。可见，人们可以用这种正强化或负强化的办法来影响行为的后果，从而改变或修正自己的行为。对此，斯金纳提出强化理论，也被称作操作条件反射理论。但是，区别于经典条件作用的 S-R 过程，操作性条件作用是 R-S（反应—刺激）的过程（见表2–3）。

表2–3　　　　　　　两种条件作用比较

比较范畴	S-R 过程	R-S 过程
代表人物	巴甫洛夫、沃森	桑代克、斯金纳
行为	无意的、情绪的、生理的	有意的
顺序	行为发生在刺激后	行为发生在刺激前
学习的发生	中性刺激与无条件刺激的匹配	行为后果影响随后的行为

斯金纳的强化理论突出了愉快刺激与厌恶刺激对不同对象不同行为在选择方向上的差异，应用在教育教学中，就是必须使学生具有学习的准备能力，让学习到的知识储备得以输出，从而与新知识产生联系刺激，并且对学生的连续学习、积极反应给予及时的反馈与奖励。这样，按照学习模块，程序式地对学生学习行为进行训练就能达到好的效果（刘欣，2019）。

行为主义学习理论发展的第三个阶段是以班杜拉（Albert Bandura）为代表的新行为主义学习理

论。班杜拉把目的、欲求、动机、内驱力等概念引进他的理论，用来证明它们在刺激与反应之间所起的中介作用，从而提出了社会学习理论。班杜拉指出以往的学习理论忽视了社会变量对人类行为的制约作用，他认为人总是生活在一定的社会条件下，个体、环境和行为三个因素相互作用、相互影响。班杜拉重视榜样作用，认为人的行为可以通过观察学习过程获得；同时，班杜拉的社会学习理论强调自我调节的作用，即人的行为更重要的是受自我调节引发的。此外，班杜拉的社会学习理论主张培养较高的自信心。由于一个人对自己应付各种情境能力的自信程度在人的能动作用中起着重要作用，因此改变人的回避行为建立较高的自信心是十分必要的。

总而言之，行为主义学习理论是在对动物和人类进行一系列控制较严密的实验研究的基础上，将学习的心理现象归因为刺激与反应之间的联系，发现并提出一系列有关学习的原理和规律。行为主义学习理论强调学习是外部刺激、外部反应和外部强化的结果，认为个人学习是由环境决定的而不是由个人决定的，学习行为是对环境刺激的一种反应。学习是一个将刺激和反应联系起来的过程，即形成

S-R。在此，关键的因素就是刺激、反应以及二者之间的联系。因此，如何在刺激和反应之间形成联系，并使之得到强化与维持，是设计学习模式时需要考虑的。

行为主义学习理论对于教学的积极意义在于，主张用外部的奖励与惩罚来控制学习过程，如奖励积分（提供更多奖励）、口头强化（夸奖"干得好"）等。可见，教师应掌握塑造和纠正学生行为的基本方法，为学生创造一个强化恰当行为的环境，并通过 S-R 的联系与递进，促进学生对知识和技能的掌握。但是，行为主义教学中的这些学习活动，学习者只需按要求去做，不用主动去改变或改进。学习者主要是回忆基本事实、自动反应或执行任务，并不需要解决复杂的问题或使用创造性思维。该理论采取一种机械、被动的方式来研究人类心理，以动物实验为基础进行研究，忽视了人的思维、意识等高级心理过程，缺乏对传递过程中学生的心理过程的关注。行为主义学习理论虽然给教学带来诸多启示，但限于其理念和主要方法，仍存在一定的弊端。

二　认知主义学习理论

20 世纪 50 年代后期，心理学家和教育工作者开始质疑传统行为主义的诸多假设，转而关注更复杂的认知过程，如思考、解决问题、语言、概念形成和信息处理等。研究者认为，认知理论比行为主义更具说服力。因此，汲取了认知科学若干心理学假设，学习理论开始从行为主义模式过渡到认知主义。认知主义被称为心理学的第二次革命。该理论探讨学习的角度与行为主义学派相反，强调个体的主动性和内在心理机制，认为人与动物的区别就在于人是有意识、有思维的。学习是个体作用于环境，是人通过感觉、知觉得到的，是人脑对客观事物的组织和加工。认知理论强调知识的习得和内部心理结构，关注学生学习的概念化过程，解决信息是如何获得、组织、存储、检索的问题。学习不是关于学习者做什么，而是学习者知道自己想要什么并知道如何得到它，学习者应该是学习过程中的活跃参与者（杜学鑫，2018）。主要流派有布鲁纳（Jerome Seymour Bruner）的认知结构理论、奥苏泊尔（David Pawl Ausubel）的先行组织者理论、托尔曼（Edward Chase Tolman）的符号加工理论、罗伯特·加涅（Robert Mills Gagne）的信息加工理论等。

布鲁纳在教育和认知研究上具有开创性见解，著作颇丰，影响较大。布鲁纳主张学习的本质是学生主动形成自我认知结构，而发现学习则是学生掌握完整认知结构的根本方法，学习一门学科的最终目的是学生建构良好的认知结构。教学过程不仅是学生主动发现"学"的过程，而且是教和学的统一过程，强调教师"教"的作用（胡水星，2020）。布鲁纳的认知结构理论主要观点如下。

（1）认知学习观。布鲁纳认为，学习不是死记硬背。学习的实质是学习者主动将新获得的信息与自身原有认知结构联系起来，通过同化、顺应积极建构新的认知结构；教学主要目的是使每个学生掌握学科的基本结构，并得到最好的智力发展。同时，布鲁纳认为构建良好的认知结构需经历三个阶段：新知识的获得、知识的转化、知识的评价。

（2）结构教学观。学科的基本结构是指一门学科中涉及的基本概念、原理和学习该学科的基本态度、方法。布鲁纳强调学科的基本结构，认为学习者只有理解学科的基本结构，才会更容易掌握该学科的基本内容，记忆学科的知识，促进学习迁移，提高学习兴趣。他把学科的基本结构定为教学的中心，无论教师选教什么学科，都务必使学生理解该学科的基本结构。

（3）发现学习观。布鲁纳认为，"学习不但应该把我们带到某处，还应该让我们日后继续前进时更为容易"。他强调发现的重要性，并把它作为教学的一种辅助手段。学生掌握学科的基本结构的最好方法是发现法，因为此过程和结果满足了学生的好奇内驱力、胜任内驱力和互惠内驱力。发现学习观指的是学生在学习情境中通过自己的探索主动获取知识，再现科学概念和原理，从而掌握学科的基本结构。发现式教学实质上就是引导学生自己重新组织或转换人类已经发现的知识，并获得新领悟的过程。

1960年，教育心理学家奥苏泊尔提出"先行组织者"（Advance Organizer）概念。"先行组织者"教学策略是奥苏泊尔提出的一个教育心理学的重要概念，也是他在教学理论方面的主要贡献之一。奥苏泊尔将学习现象进行分类：一个维度是根据学习进行的方式，将学习分为接受学习和发现学习；另一个维度是根据学习材料及其与学习者原有知识结构的关系，将学习分为有意义学习和机械学习。他认为，能促进有意义学习的发生和保持的最有效策略，是利用适当的引导性材料对当前所学新内容加以定向与引导。这类引导性材料与当前所学新内容（新概念、新命题、新知识）之间在包容性、概括性和抽象性等方面应符合认知同化理论的要求，即便于建立新、旧知识之间的联系，从而能对新学习的内容起固定、吸收作用。这种引导性材料就被称为"组织者"。奥苏泊尔"先行组织者"教学策略的核心是在学生正式学习新知识前，向学生介绍他们熟悉且能高度概括新的学习内容的准备材料和信息，为引入新内容、连接新旧知识铺路搭桥。

托尔曼的符号加工理论强调行为的整体性，注重从宏观的角度来分析行为。学习是有目的的行为，而不是盲目的，学习的目的性是人类学习区别于动物学习的关键点。学习是对"符号—完形"的认知，学习的过程就是个体在达到目的的过程中，根据头脑中的预期不断进行尝试，形成对周围环境的认知，最后建立"目标—对象—手段"三者之间联系的认知地图的过程。托尔曼反对行为主义单纯地看重利用外在力量来塑造个体的学习行为，认为外在力量最终起作用的条件就是个体内部对环境刺激的认知。

加涅的学习理论主要倾向于用信息加工的模式来解释学习活动。加涅认为学习是主体和环境相互作用的结果，是信息的接收、使用、加工的过程，由九个重要而有序的连续教学事件组成。九大教学事件可以分为准备、操作和迁移三个教学阶段，并对应相应的学习阶段（具体见表2-4）（盛群力，2006）。将学习过程与教学事件相联系，对有效的教学设计有深远的意义。"准备"包括注意、预期和提取原有知识，对应的教学事件是指引起注意、告知学习目标和回忆相关旧知识。"操作"包括选择性知觉、语义编码、反应和强化，对应的教学事件是呈现刺激材料、提供学习指导、引出行为和提供反馈。"迁移"包括提取知识和技能一般化，对应的教学事件是评估作业和强化保持与迁移。

表2-4　　加涅"九大教学事件"及其与学习阶段的关系

教学阶段	教学事件	学习阶段
准备	引起注意	注意
	告知学习目标	预期
	回忆相关旧知识	提取原有知识
操作	呈现刺激材料	选择性知觉
	提供学习指导	语义编码
	引出行为	反应
	提供反馈	强化
迁移	评估作业	提取知识
	强化保持与迁移	技能一般化

加涅的学习理论重点关注了学习的内部过程和内部条件，弥补了行为主义学习理论只注重学习的

外显行为的不足，解决了学习者认知过程以及动机等方面的问题，是认知主义学习理论的典范。

认知主义学习理论强调在设计学习任务时，要让学习者获得有意义的知识，并且尽量使新的信息和记忆中已有的信息发生联系。认知主义学习理论的观点对教学设计的启示在于：一是教师要明白学习者千差万别。学习的效果不仅取决于外部刺激和个体的主观努力，还取决于学习者已有的知识水平和认知结构，而且学习者带到学习情境中的各种学习经验也各不相同，这些均会影响学习结果。二是确定最有效的方式来组织新的信息以利用学习者以前获得的知识、能力和经验。三是重视强化的功能，可以通过反馈练习，使新的信息在学习者的认知结构中快速、有效地同化或储存。

在实践中，混合式教学模式的设计来源，部分可追溯到认知主义，比如：强调学生的个性化学习、学生在自主操作中获得有意义的知识、利用在线系统设置的交互程序快速地回应和反馈。因此，在混合式教学模式的理论中，认知主义学习理论有着较为重要的地位。全面深入地了解该相关理论，可以辅助理解混合式模式教学设计的多个环节。

三 建构主义学习理论

建构主义作为一种社会学的研究方向，因主张客观世界是通过社会建构而存在的得名（霍力岩、高宏钰，2017）。建构主义学习理论最早的提出者是瑞士心理学家与教育家皮亚杰（Jean Piaget）。皮亚杰在哲学、逻辑学、生物学等诸多领域建树颇丰，有关教育的论著相对较少，其教育思想分散于研究和著作之中。但是，皮亚杰著作中所蕴含的儿童认知发展规律及其基于心理学的教育观对各国教育发展都产生了重要的影响，使其在世界教育发展史上占据了重要的地位。

皮亚杰从内因和外因相互作用的角度研究了儿童的认知发展，提出了一种积极的儿童发展观。他认为，儿童是在与周围环境相互作用的过程中，逐步建构起关于外部世界的知识，从而使自身认知结构得到发展的。皮亚杰指出，在与周围环境相互作用的过程中，认知个体逐步建构起关于外部世界的知识体系。认知个体与环境的相互作用涉及同化与顺应两个基本过程。同化是指个体把外界刺激所提供的信息整合到自己原有的认知结构，是认知结构数量的扩充；顺应是指当外部环境发生变化而原有认知结构无法同化新环境提供的信息时，所引起的认知个体的认知结构发生重组与改造的过程，即认知个体的认知结构因外部刺激影响而发生改变的过程。顺应是认知结构性质的改变。认知个体通过同化与顺应这两种形式，达到与周围环境的平衡。认知个体的认知结构通过同化与顺应过程建构起来，并在"平衡—不平衡—新的平衡"的循环中丰富与发展。

与皮亚杰同一时期的另一个建构主义代表人物是苏联心理学家、教育家维果茨基（Lev Vygotsky）。他对心理过程作了社会起源的分析，认为人从出生就是一个社会实体，是社会历史的产物。维果茨基用"最近发展区"和"内部语言"两个概念解释其心理过程的社会起源思想（霍力岩、高宏钰，2017）。最近发展区是个体独立活动时所能达到的解决问题的水平与通过教学所能获得的潜力之间的差距。内部语言是一种对自己的无声的谈话。成功的教育应该激发学习者内部发展过程的最近发展区，教学应当走在发展前面。教师应当成为学生心理发展的促进者。

建构主义流派众多，但基本都有近乎相同的认识。建构主义者认为，传统教育的弊端之一，就是过于宽泛、简化，缺乏情境性，学习者所习得的知识无法在新的或类似的情境中得到应用。建构主义对学习的基本解释是：学习是学习者主动地建构内部心理表征的过程，它不仅包括结构性的知识，而且包括大量的非结构性的经验背景；学习者以自己的方式建构。在学生观上，建构主义者认为，学生是信息加工的主体，是意义的主动建构者，而不是外部刺激的被动接受者和被灌输的对象。在教育内容上，建构主义者强调教育内容的意义建构性，教育内容应该在情境中发现问题和解决问题，教育过程应该遵循"发现—解决—再发现—再解决"的程序。

关于教育的实施，建构主义者开发了一种抛锚式教学模式，具有较大影响力。该模式实施过程由创设情境、确定问题、自主学习、协作学习和效果评价五个环节组成，学习者根据自己的经验积极构建自己的知识。建构主义者认为，学习是在教师（T）和同伴（S）的帮助下，通过在一定教学情境中的会话、协作与反馈达到知识或经验的"重叠"，并在教师引导下实现知识的有意义主动建构（见图2-1）。何克抗（1997）指出，建构主义学习理论中学习有四大要素，即"情境""协作""会话""意义建构"。"意义建构"是学习的主要目标，"情境""会话""协作"是学习的基础。

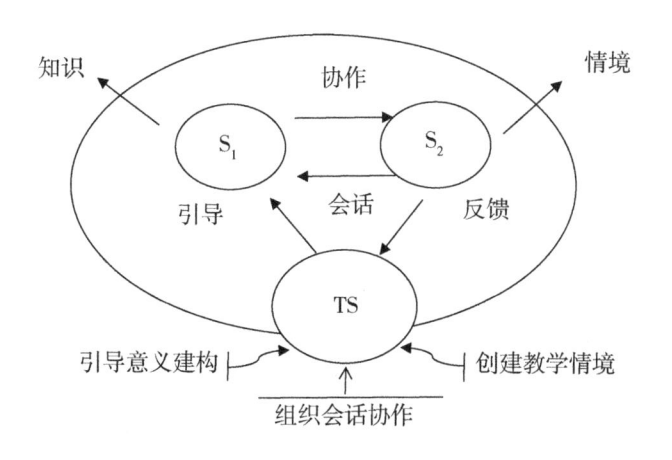

图 2-1　建构主义学习理论模型

注：S 指同伴，T 指教师。

与以往的学习理论相比，建构主义学习理论体现出三个方面的重要倾向，即强调学习的主动建构性、学习的社会互动性和学习的情境性。相应地，在学习方式的变革上，应倡导自主学习、探究学习、合作学习和情境学习（屈林岩，2008）。实践中，教师利用教育技术设计课程时，很多时候依赖建构主义的方法，如 PBL（Problem Based Learning）交互式教学方法。

针对网络时代学习面临的碎片化挑战，王竹立（2011）结合对自己和他人网络学习行为的持续审视与观察，提出了新建构主义学习理论。他指出知识的碎片化是由学习的碎片化造成的，解决之道是帮助学生学会自主建构个人的知识体系，而不是盲目跟从前人确定的学科知识体系。王竹立新建构主义学习理论的核心理念可概括为"情境、搜索、选择、写作、交流、创新、意义建构"，主要观点有：（1）"学习就是建构、建构蕴含创新"，主张将学习、应用、创新合为一体；（2）三阶段的零存整取式学习策略；（3）强调学习应以个人需要为中心、以问题解决为中心，个人隐性知识可通过内读法和深谈法进行挖掘；（4）修正经典建构主义关于"知识不能通过教师讲授而传递的"观点，指出显性知识可以通过教师的讲授而传递；（5）网络时代个人知识管理的策略包括"搜索—选择—写作—交流—创新"五个环节；（6）提出"包容性思考"，作为将碎片化的知识组合成全新知识体系的基本思维方法。

在当今多元文化和信息时代的社会背景中，建构主义学习理论提出的许多有建设性的学习与教学观点是将当前现代信息技术应用到教学设计、教学资源开发与应用中的重要理论依据之一。合作学习、亲身实践活动、发现式学习、差异化教学、技术、分散式实践、批判思维和操纵性都是建构主义教育理念的组成部分。随着多媒体计算机和互联网技术在教育领域应用的飞速发展以及在教育教学中应用的日渐增加，多媒体计算机和基于网络通信技术等新兴技术所具有的多种特性，可作为建构主义学习环境下的理想认知工具，能够有效地促进学生的认知发展。因此，随着网络学习的日益普及，人们越来越重视在网络学习中使用建构主义的方法，建构主义学习理论也不断被证明是帮助教师提高学生成绩、应对挑战的有效方法。

四 人本主义学习理论

人本主义学习理论的主要代表人物有马斯洛（Abraham Harold Maslow）和罗杰斯（Carl Ransom Rogers）。马斯洛提出了著名的需要层次理论[①]，罗杰斯对教育问题的论述较为系统。

该学习理论建立在人本主义心理学的基础之上，特别关注人的自我实现，主张心理学应该把人作为

---

① 需要层次理论：生理需要（physiological need），即生存所必需的基本生理需要，如对食物、睡眠等的需要；安全需要（safety need），包括一个安全和可预测的环境，它相对地可免除生理和心理的焦虑；爱与归属需要（love and belongingness need），包括被别人接纳、爱护、关注、鼓励等，如结交朋友、追求爱情、参加团体等；尊重需要（esteem need），包括尊重别人和自尊两个方面；自我实现需要（self-actualization need），包括实现自身潜能等。

一个整体来研究,而不是把人的心理分解成不完整的部分进行分隔、还原论的分析。在他们看来,其他大多数心理学家是从第三人称的角度来考察人的行为,而研究心理学的真正方式是通过自己来考察自己,即要从第一人称的角度来考察行为(黄荣怀等,2006年)。

人本主义教育主张突出体现在教育目的、课程与教学、道德教育、师生关系等方面。人本主义认为学校课程与教学的目的在于满足学生自我发展和自我实现的需要。在课程与教学的内容上,人本主义教育理论者认为教学不是单纯讲授教材,而应让学生参与教学过程,因此课程内容应该密切配合学生的生活、要求、兴趣,教材结构逻辑要与学习者的心理发展、情感发展相符合。课程与教学的内容强调人的情意发展和认知发展的统一,并且突出课程的情意基础。在具体教学过程中,人本主义者提倡有意义学习和学生自主自发式的经验学习。人本主义倡导学生的自我评价,若师生评价差异大,则应进行讨论、商榷。

人本主义者反对主智教育,认为传统认知教育只片面重视人的理智发展。他们主张教育者应重视学生的意愿、情感、价值观等,并将其作为学校教育的一项基本原则。人本主义学习理论要求教育回归人的发展本源，在这一点上，人本主义与建构主义有相似之处；但建构主义强调的是学习者经验世界的丰富性和差异性，而人本主义强调的是学习者的价值、理想、情感和潜能等。

人本主义教育思想传入中国后，对新课改产生了较大的影响。从课程目标来看，新课改前的基础教育课程重视整齐划一的知识传授，相对忽视培养学生的学习态度和情感，未能使学生的个性得到充分的发展；新课改后则改变了以知识为本的倾向，在价值取向上确立了以人为本的思想，倡导"全人"教育，重视培养学生正确处理知识、能力、情感、态度、价值观之间关系的能力，重视对学生的情感态度和价值观的培养。

教育信息化2.0时代的混合式教学，人本主义理论成为其重要的理论基础之一。混合式教学基本实现了人本主义所主张的以学生为中心的教学形式和让学习者自主学习、自我实现、自我评价的目的。混合式教学拥有丰富的各类资源和在线技术支持，学习资源不再局限于书本，还包括各类网络视频、音频等，学习更具趣味性，拓展了学习的时空维度。师生之间构建了一种平等的双主体关系，充分体现了人本主义崇尚的人的尊严、民主、自由、平等的价值观。

五 多元智能理论

20世纪60年代以来，对高质量教育的重视和追求很快导致了一场教育改革运动，这场运动的主导精神就是让每个儿童都能够学习并且能够达到学业上的高标准。多元智能理论（Multi-intelligences，MI）正是在这样一个教育改革大背景下提出并发展起来的一种教育新理念。1983年美国心理学家和教育家霍华德·加德纳在其著作《智能的结构》中首次提出"多元智能"概念，并详细论述了多元智能理论的基本结构。加德纳认为，在实际生活中个体所表现出来的智力是多种多样的，智力应该是一组能力而不应是一种能力，包括语言智力、数学逻辑智力、空间智力、音乐智力、身体运动智力、人际关系智力、自我认识智力等。各种能力不是以整合的形式存在的，而是相对独立存在的。与特定的认知领域或知识范畴相联系的七种智力构成了多元智能的基本结构。1998年，加德纳根据"智力选择依据系统"，经过严格论证筛选，又在多元智能框架中增加了自然观察智力。

多元智能理论把上述八种智力看作生理心理与个体经验及社会文化背景的产物，是认知的来源。通过它们的作用，人得以与特定领域的内容发生有意义的联系。实际上八种智力组合不同，使得每个人的智能结构各具特点，即使是同一项智能，其表现形式也是多种多样的。传统观念里的"差生"，只是语言智力或数学逻辑智力方面的表现不够好，但他们有可能在其他智力上表现得相当出色。从这个意义上说，每个学生都是优秀的，不存在智能高低的问题，只存在智能类型和学习类型的差异问题。

新发展阶段，市场对人才培养提出了多元化要求。相较传统教学理念，多元智能理论的多元化内容可为大学生的全面发展和个性化发展提供较强的理论支撑。多元智能理论虽然没有像行为主义一样深入研究个体学习的过程，但它在智能本质、智力差异的研究基础上，揭示了个体学习的方式，告诉我们个体是怎样进行学习的。它的新思想和新观点应用到教学实践中，具有十分重要的指导意义（曾晓洁，2001）。多元智能理论获得了越来越多的心理学家和教育学家的赞同，同时也得到了广大教师的拥护，并开始对学校教育教学改革产生日益深刻的影响。当然，由于加德纳研究采用的是推理、类比和总结等研究方法，多元智能理论的内容假说在某种程度上是有待进一步实证检验的。

六 联通主义学习理论

联通主义（Connectivism）是 21 世纪初期由美国学者乔治·西蒙斯（George Siemens）和斯蒂芬·道恩斯（Stephen Downes）联合提出的。2005 年西蒙斯在《教学技术与远程学习》等学术媒介上发表了"Connectivism"系列研究成果，在 *Connectivism: A Learning Theory for the Digital Age* 一文中，Connectivism 体系定位为"数字时代的学习理论"，契合当前的时代特征，引起了同行一定程度的关注。联通主义学习理论是在 Web 2.0、多媒体技术日益发展以及知识更新速度加剧的背景下产生的变革性的学习理论，被誉为"一个数字时代的学习理论"。联通主义认为知识存在于"由连接（Connection）组成的网络"之中，而学习则是浏览和搭建这些网络的能力，即把网络中的节点（Node）连接起来，这种连接是通过自组织（Self-organization）而发生的（史蒂芬·道恩斯、肖俊洪，2022）。因此，联通主义学习理论认为，"知识"已经不再是实体，而是一种"能力"；学习也不再停留在记忆中，而是一种"生长"、一种"涌现"。乔治·西蒙斯定义联通主义是混沌、网络、复杂性和自组织理论原则的整合，学习是一个过程，发生在核心元素不断转换的模糊环境中，不完全在个人的控制之下，并列出了以下七点关于学习的变化趋势（杜学鑫，2018）。

（1）学习可能不局限于一个领域，而是跨领域的；

（2）非正式学习可能成为主流；

（3）技术改变人的头脑，人使用的工具重塑人的思维；

（4）组织和个人都是学习有机体，个人学习和有组织的学习之间需要由理论将其连接；

（5）以前由学习理论支撑的过程可能会由技术支撑；

（6）知道"知识在哪里"，比知道"如何获得知识"和"什么是知识"更加重要；

（7）学习是一个持续的过程，需要终身学习。

相较其他学习理论，联通主义学习理论把学习能力放在了第一位，强调知识的变化性、复杂性，认为知识是通过联通而获得的。在教学中，联通主义学习理论认为教学的重点在于示范和演示节点的相互作用和连接过程，而学习的重点在于实践连接以及对连接进行辨识。此外，与建构主义学习理论不同的是，联通主义学习理论更倾向于混合式教学模式中对学生创新性的培养。

以"翻转课堂"教学模式为例，翻转课堂打破了原有课堂的物理空间秩序，更加有利于形成多样化的教学方式和个性化学习方案（王晓晨等，2020）。教师在翻转课堂中，首先，需要将新知识进行初步整合并引导学生对课程内容相关资源进行了解和判断；其次，在课堂上，教师需要根据学生对课程内容的了解和判断进行二次整合，帮助学生更加清晰、准确地了解新知识；最后，教师课后需要协助学生进行反思，并且根据学生学习效果判断学习活动的有效性，及时作出调整。

从翻转课堂教学模式可以看出，学生是学习的主体，但是由于互联网技术的使用，教学资源被无限扩大，即在互联网和人工智能时代背景下，学生通过网络和移动通信技术，基本上可以实现随时随地查阅到他们需要了解的信息，学生卷入了"信息狂潮"之中。此时，大多数知识的记忆和背诵不再是课程内容的重中之重，教师更需要培养学生在诸多信息中识别"真信息"的能力。这种能力就是联通主义学习理论中的"知识"内涵。

在混合式教学模式中，教学过程中纳入互联网、通信技术等工具，学生可以直接通过互联网获取不同的信息资料。然而，这些信息资料并不全是真知识，学生只有具备辨识能力才能从诸多信息中择选出真知识。因此，教师应该注重学生辨识能力的培养和发展。由此可见，联通主义学习理论为混合式教学模式提供了新的理论依据和视角。然而，目前对于联通主义学习理论的争议较多，一些学者认为联通主义学习理论在一定程度上忽视了教师的作用，过于强调人工智能和互联网的功能。联通主义作为一种理论，承认学习的显性和隐性、直接和间接、外部和内部特性。但是该观点仅在学习的外部联结上提出了一种视角，对学习中可能发生的问题缺乏系统的关注，也不能很好地解释和应对当前学习实践的发展，对学习的其他特征和需求的关注度不够。学习是一个复杂的过程，并且处于动态的自组织的社会网络中，因此有必要继续完善新的认识框架和联结主义体系来重新建构学习（王佑镁、祝智庭，2006）。

除了上述学习理论，混合式教学理论的基础还有如探究社区理论、教育传播理论、远距离交易理论、工业化教育理论和等效理论等。这里限于篇幅不再逐一呈现。

上述学习理论都是教育技术的理论基础，使得教育技术建立在广泛的、科学的心理学基础上。各学习理论从各个侧面研究并揭示了学习的发生机制。从学习理论发展历史中可以看出，学习理论的产生、演变和发展并不是一种简单的替代关系，而是一种吐故纳新的继承与扬弃的关系。因此，虽然各种观点存在差异，但它们在不同的学习环境和学习阶段中并不是相互替代的关系，而是相互补充、相互完善的关系。教学是一个复杂过程，既包括教师的"教"，又涉及学生的"学"，也涵盖教学环境和教学手段。因此，不能将这个过程简单化或者单一化。混合式教学是将教育技术渗透在课程教学中，充分反映了教育工作者对知识以及学习本质认识的理解不断深入和发展。混合式教学开展需要教育技术的支持，在教学过程中，教师应根据不同的教学条件和教学目标，合理地选择并科学地运用上述学习理论。

第三节　混合式教学的显著特征

传统课堂教学"以教师为中心，以传授知识为主"，教学活动围绕教师进行，有利于发挥教师的主导作用，便于教学的组织安排与监督。但这种过分强调整齐划一性的教学模式，造成了教师的"一言堂"和学生的"干瞪眼"，忽视了学生的自主性和独特性，导致学生长期处于被动束缚的状态，不易于发挥学生的潜力，不利于学生创新精神的培养，难以实现因材施教。此外，传统课堂教学过分依赖教师的技能与水平，且易受到物质条件、环境等因素影响，不能体现规模效应。

E-Learning以个别化学习为主，以教育信息技术为支撑，学习不受时空限制，传播手段灵活，且覆盖面较广泛，学习者可以根据自身的基础条件自由地加以选择，学习的主动性得到了提升。但是，E-Learning教学模式缺乏师生面对面的情感交流，使学生在个体学习中容易感到孤独；对于自律性比较差的学习者而言，很难保证学习过程的完整性。这种单纯的在线学习也忽视了学生的社会性特质，压缩了学习主体之间的协作过程，容易使学生沦为网络信息的搬运工。

混合式教学结合了传统课堂教学模式和E-Learning教学模式的优势，把线下和线上两种教学方式有机融合在一起，充分体现了教学中强调的"双主"

模式的价值，既能实现线下师生交流、课堂讨论、同学协作互动等，又让学生能够灵活地利用充裕的线上学习时间，随时进行知识的拓展和内化。混合式教学借助网络教学平台，强调多种媒介的组合、不同教学策略的运用，将不同学习方式有机融合在一个具有丰富学习环境和情感体验的教学场域，使学生在交流探讨中逐步认识到学习过程是对知识的深层理解和主动求索，而不单单是被动地接收信息和记忆知识。混合式教学丰富了知识传播的手段和途径，强调了学生"学"的重要性和主动性。

可见，传统课堂教学模式和 E-Learning 模式既有优点又有缺点，而混合式教学则是综合上述二者的优点，实现了优势互补、博采众长，兼具综合性、互动性、应用性、灵活性等特点。

一 综合性

混合式教学是传统课堂教学模式与网络学习模式的结合，其最大的特点是综合性强，具体表现为各种教学理论与教学过程中各种要素的融合。从混合式教学的理论基础来看，混合式教学是行为主义学习理论、认知主义学习理论、建构主义学习理论、多元智能理论等不断发展和创新教育教学改革的产物。为了充分适应不同学习者和学习环境的要求，混合式教学也离不开各种教育理论的综合支持。就混合式教学过程中各种要素的混合而言，混合式教学不仅是一种学习方式的混合，更是将不同的教学方法、教学模式、教学资源、教学环境、教学评价、教学媒介、教学目标等诸多要素有机地结合起来，实现以最小的投入获得最大的回报。可见，混合式教学模式是一种更复杂、更全面的教学模式。

二 互动性

与传统的"教与学"的教学方式相比，混合式教学中教师和学生更注重"教与学"的互动教学。首先，这种互动性表现在师生之间、生生之间的及时沟通。在传统的课堂中，教师作为主体占用大部分甚至所有的课堂时间，学生在教师的教学中完成课程的学习，与教师交流的机会很少，如果学生不能主动向教师提问，很多问题就很难及时得到解决。然而，在混合式教学模式下，以学生自主学习中面临的问题为导向，教师在完成既定教学目标的基础上，十分注重解决学生在学习中发现的问题。同时在这个过程中，学生会根据教师的回答进行深入思考，继而会反馈更多的问题。学生可以在与教师和同学交流的过程中解决问题。其次，这种互动性体现在人机交互上。学生在课堂之外进行在线学习，主要是与计算机等通信设备接触。互联网平台上多样化的教学形式和灵活方便的特点能更好地激发学生的学习热情。通过在网络中获取知识、探索问题、寻找答案，形成的人机交互的混合式教学模式，有利于激发学生的创新意识。

三 应用性

混合式教学强调培养学生将知识应用于实际问题的能力。传统的教学模式以获取知识为主要学习目标，在教学活动的实施中很难创造一个有效的理论学习与社会实践相结合的环境。此外，传统的教学模式在教学评价环节主要以学生的表现为衡量指标，往往忽视了学生的实践能力。但学习的最终目标是希望学习者将所学知识应用到现实生活中，该目标在传统教学模式中难以实现。与传统教学模式相比，混合式教学创造的学习环境可以激发学生的学习兴趣，通过自主讨论和学习来提高学生的独立思考能力，使学生在讨论和交流中敢于提问和解决问题。混合式教学的教学内容丰富，可以通过视频、图片等方式呈现，直观有效地结合学生在生活中面临的问题，为解决各种问题创造条件。可见，混合式教学强调学生的主体作用，能够发挥学生的主观能动性，更有利于学生实践能力的培养。

四 灵活性

混合式教学是把线下和线上两种教学方式有机融合在一起的教学模式，具有较大的灵活性，具体表现为：首先，线上教学方式突破了人群、时间和空间的局限，可以使学生摆脱时空限制自由学习；其次，在线学习实现了时空分离，使学生可以选择合适的地点进行学习，随时随地通过观看视频、参与讨论、阶段测验等完成课程学习，摆脱了传统教室的物理空间限制；再次，在线课程多样化的传输渠道可以让学生以不同方式获取学习资源从而运用不同的学习工具进行学习；最后，混合式教学具有规模效应，传统教学中最优秀的师资难以同时被数万人共享，但教育技术的发展使得同一门课程采取混合式教学后，在线部分的教学内容可以服务于众多学生，有利于优质教育资源的共享。

第四节　混合式教学可行性分析

一　新兴信息技术为高等教育混合式教学变革提供契机

2015年5月20日，习近平主席在致国际教育信息化大会的贺信中指出："当今世界，科技进步日新月异，互联网、云计算、大数据等现代信息技术深刻改变着人类的思维、生产、生活、学习方式，深刻展示了世界发展的前景。因应信息技术的发展，推动教育变革和创新，构建网络化、数字化、个性化、终身化的教育体系，建设'人人皆学、处处能学、时时可学'的学习型社会，培养大批创新人才，是人类共同面临的重大课题。"（习近平，2022）同年7月，国务院在《关于积极推进"互联网＋"行动的指导意见》中提出"互联网＋"十一项重点行动计划。该意见指出要把互联网的创新成果与经济社会各领域深度融合，推动技术进步、效率提升和组织变革，提升实体经济创新力和生产力，形成更广泛的以互联网为基础设施和创新要素的经济社会发展新形态，鼓励学校利用数字教育资源及教育服务平台，逐步探索网络化教育新模式，扩大优质教育资源覆盖面，推动开展学历教育在线课程资源共享，推广大规模在线开放课程等网络学习模式，探索建立网络学习学分认定与学分转换等制度，加快推动高等教育服务模式变革。

新兴信息技术涉及大数据、云计算、人工智能（AI）以及"互联网＋"四个方面。其中，大数据在支持适应性教学、个性化学习、基于大量数据的科学评估和精确管理等方面具有其他技术无法替代的优势；云计算在实现跨时空、跨地区的海量优质教育资源共建与共享，从而促进区域内义务教育均衡发展乃至优质均衡发展方面具有先天的、独一无二的优势；人工智能，包括知识工程、专家系统、语音识别、视频识别、语义分析、虚拟现实（VR）、增强现实（AR）等众多领域的先进智能技术，AI教育应用能为各级各类教育的变革与创新开阔视野、提供思路，是实现教育创新的最为重要且有效的技术手段；而以"互联网＋"为代表的第四类新兴信息技术，具有极强的联通性、协同性、交互性，并且网络上拥有极为丰富的各种资源，能够实现跨越时空和地区的教育资源共建与共享，有效地促进教育均衡发展（何克抗，2018）。

能够让信息技术对教育发展真正产生革命性影响的具体途径与方法，就是充分发挥信息技术的优势，实现信息技术与教育的深度融合。在高等教育领域，教学模式的转变与教学过程的优化日益紧迫，高校日渐成为应用新技术、新方法和新观念的教学场域，而这恰恰为混合式教学的发展提供了契机与平台。混合式教学是把线下和线上两种教学方式有机融合在一起的教学模式，是面授学习与在线学习的结合，这在一定义上意味着技术是其必要成分。混合式教学发挥了技术的优势，可以根据每位学生的学习进度、接受程度进行差异化教学。教师借助混合式教学中的技术工具，能够彻底从重复性知识传授中解放出来，可以更多地探索如何"量身定做"，帮助学生获得高质量的学习体验，让学生能够按照自己的节奏和方式进行学习，从而更大程度地激发学生的学习热情。

信息技术与教育的深度融合，要求教学应以学习者为主体，辅之以传统课堂教师的指导，实现双向互动。混合式教学模式下，教师与学生是"主—主"关系中的平等对话者，是在以学生为中心的基础上将课堂从单向的教与学转变为双向的教与学，通过信息技术创设学习环境，为教学目标的实现提供现实性条件。

新一代信息技术与教育教学深度融合，已成为课堂教学颠覆式创新变革的核心驱动力。课堂变革的实质是新兴技术赋能的课堂教学内生性革命，赋能后的课堂教学追求和张扬智慧化课堂和个性化教学等，激发出混合式教学新理念新模式（蔡宝来，2019）。混合式教学必将在加快实现信息技术与教育的深度融合、实现教育现代化跨越式发展的时代契机与历史机遇中快速发展。

二 教育信息化基础建设完善为混合式教学打下坚实硬件基础

国家高度重视高等教育信息化建设，教育部在《教育信息化2.0行动计划》中明确提出，没有信息化就没有现代化，教育信息化是教育现代化的基本内涵和显著特征，是《中国教育现代化2035》的重点内容和重要标志。教育信息化具有突破时空限制、快速复制传播、呈现手段丰富的独特优势，必将成为促进教育公平、提高教育质量的有效手段，必将成为构建泛在学习环境、实现全民终身学习的有力支撑，必将带来教育科学决策和综合治理能力的大幅提高。以教育信息化支撑引领教育现代化，是新时代中国教育改革发展的战略选择，对于构建教育强国和人力资源强国具有重要意义。[1]

一方面，在国家有关政策的指引下，伴随信息化经费持续投入，各高等院校在教育信息化建设方面"动作"频频。一批教育信息化平台、项目、资源建设启动，"智慧校园""智慧教室"等基础设施建设成效显著，教育信息化建设取得了阶段性成绩。"智慧教室"涵盖新型技术设备的教学环境，从教学的角度来看，"智慧教室"能够整合各类资源，提供多种教学工具，支持教学方式灵活多变，丰富学习体验；从技术的角度来看，"智慧教室"借助 AI、物联网、大数据等新兴技术实现课堂教学行为数据采集与分析，可实现教学的科技化和智能化，提高教学的效率和质量。此外，各级教育主管部门越来越重视教育信息化，很多教师有机会参加各种信息化培训和比赛，教师的信息化教学的设计能力和信息技术的使用能力得到大大提高。

---

[1] http://www.moe.gov.cn/，2018-04-13.

另一方面，中国网络教育市场发展迅速。中国互联网络信息中心（CNNIC）在北京发布第51次《中国互联网络发展状况统计报告》显示，截至2022年12月，中国网民规模达10.67亿人，较2021年12月增长3549万人，互联网普及率达75.6%，形成了全球最具活力的数字社会。智能手机、移动终端等已经成为高等院校大学生的必需品。同时各个高等院校实验室、教室也为学生配置了计算机，为混合式教学模式的推进打下坚实的硬件基础。

目前，中国高等院校课堂教学的信息化建设业已全面展开，各高等院校纷纷借助互联网开展了课堂教学改革，如微课、慕课、翻转课堂等。随着慕课、SPOC等在线课程资源建设趋于成熟和翻转课堂教学模式的广泛运用，混合式教学的发展将势不可当。

三 混合式教学本质与高等教育"全面发展"的人才培养目标相吻合

人才培养是高校最基本的职能。2016年9月发布的《中国学生发展核心素养》总体框架对核心素养提出了新的目标和要求，指出要以培养"全面发展的人"为核心，综合表现为人文底蕴、科学精神、学会学习、健康生活、责任担当、实践创新（宋灵青、田罗乐，2017）。中国实施的"双一流"建设，其魂、其根、其本是培养全面发展的一流人才。要达到这些目标和要求，引导学生多读书、深思考、善提问、勤实践，激发学生的学习潜能和学习兴趣，就必须扎实地推进教学改革。其中，变革传统的教学模式是促进学生核心素养发展的一条重要途径。

苏联教育实践家和教育理论家苏霍姆林斯基说过，"在每个人的心灵深处，都有一种根深蒂固的需要，这就是希望自己是一个发现者、研究者、探索者"（苏霍姆林斯基，2021），可见好奇心驱动着学生的求知欲。如果仅从教师视角出发，"以教师为中心"设计教学，那么学生将无法得到真正的帮助；只有换位思考，找到学生的内在兴趣，激发他们的好奇心，才能够唤起学生学习的兴趣与潜能。但是"以教师为中心"的传统教学模式并不利于学生创新精神的培养。对于高等教育而言，亟须克服传统教学难以适应培养学生核心素养的要求的弊端，重新定位各个学科的具体目标和任务，重新修订教材，重新选取学习内容、编写教材，准备数字资源，改变学习评价手段等，从而有效挖掘学生的学习潜能，激发学习兴趣，帮助学生学会知识的迁移，让他们具备求知欲、探索欲以及创新精神和创造力。

混合式教学结合传统面授学习和网络在线学习的优势，既体现教师的主导作用，又体现学生的主体地位，博采众长。首先，混合式教学使学习时间和空间得以扩展，学习内容得以深化；其次，混合式教学能够与教育现实的需要相结合，有利于培养学生的实践性；再次，混合式教学能够开展多元化教学，提高学生的学习积极性与主动性；最后，混合式教学能够以学生为中心，加强学生自主学习的能力以及团队协作互动的技巧，培养学生的核心素养。混合式教学能够促使"班级授课制"走向"个性化菜单制"，满足个体的学习需要，可以充分体现新课程改革"以人为本"和"追求学生的个性化"的核心理念（刘云生，2015）。可见，混合式教学深度融合信息技术与教育教学，其实施本质与中国高等院校教育人才培养目标相吻合，契合学生的真实需求，对于促进学生核心素养发展、培养"全面发展的人"来说是一种较为理想的选择。

第三章 高等院校混合式教学模式

混合式教学将课堂同步学习和在线异步学习两种独立的学习模式进行整合。传统的课堂教学允许教师和学生面对面地互动,这有助于同步交流;虚拟教室为学生提供了随时随地向任何人学习的自由,不受任何形式的地理障碍的影响,能够便捷地学习和分享知识、学习资源。在混合式教学环境中,教师以有计划的、系统的方式将在线学习与传统的面对面活动相结合,为整个学习过程提升价值。高等院校在实施混合式教学模式过程中的具体方法是多样化的,可以细分为不同的学习模式,没有一种单一的模式可以适合所有的学校或课程。

混合式教学最初有六个模式:面对面驱动模式(Face-Face Driver Model)、轮换模式(Rotation Model)、自主学习模式（Flex Model）、网络加实验模式（Online Lab Model）、自主混合模式（Self-blend Model）、网课驱动模式（Online Driver Model）。其中，面对面驱动模式主要是针对线下课堂面对面教学中，如果有一些学生学习进度较慢，教师可以通过线上学习方式给予补充说明和帮助的机会，以期赶上其他学生的学习进度。在轮换模式中，学生根据教师制定的学习时刻表，采用线上和线下的方式在不同时间轮换学习，轮换模式进一步细分，又包括车站轮换混合式学习（Station Rotation）、翻转课堂（Flipped Classroom）、个人轮换混合式学习（Individual Rotation）等。在自主学习模式中，大部分教学都是在线上完成的，教师会根据学生的需要进行答疑解惑。在网络加实验模式中，理论课程全部在线上完成，实验部分则前往实验室完成。在自主混合模式中，学生要学习的课程是自主选择的，如果想要学习的课程学校没有开设，则可以组队组团自行学习。网课驱动模式以线上学习为主，学生或者教师也可以发起线下的会面，教师根据需要辅导、答疑的部分对学生进行帮助。

在对混合式教学模式原有类型进行细分和扩展的情况下，目前在高等院校中应用较为广泛的混合式教学模式主要包括车站轮换混合式学习、个人轮换混合式学习、翻转课堂、远程混合式学习、基于项目的混合式学习、自主混合式学习、内外混合式学习、"基于能力"的混合式学习。下面分别对这八种混合式教学模式进行介绍。

第一节 车站轮换混合式学习

在传统的线下课堂教学模式中，学生人数较多，教师很难关注到每位学生，并与其进行交流。如果不能真实地了解每位学生的学习情况和学习能力，就难以掌握不同学生的学习需求，车站轮换混合式学习模式的出现方便教师更多地了解学生在学习上的个性化需求。在互联网时代背景下，信息技术为车站轮换混合式学习模式提供了支撑。车站轮换混合式学习是轮换模式的一种形式，也是最流行的混合式学习方法之一。

一 车站轮换混合式学习的描述

车站轮换混合式学习中的车站轮换是一个形象的比喻，通过设置一系列的站点让学生展开学习活动,每个站点表示一种学习活动形式,学生轮流通过每个站点。教师首先根据学习任务,设置几个不同的学习区域,这些区域类似列车时刻表上对应的车站站点;然后将学生分为不同的组别,各组学生按照教师为该组制定的时间安排表和车站站点轮换路线,像乘坐火车一样,在各个站点轮换开展学习活动。这些不同站点的学习形式如果至少有一种是线上学习,就属于车站轮换混合式学习。车站站点至少包括三种学习形式:教师指导、在线学习、合作学习(见图3-1),还可以在此基础上增设独立学习站点,学生在这些不同站点轮换的周期可以是一节课或者几节课。每个站点的学习人数不是固定的,有些站点是整个班级的所有学生同时参加的,

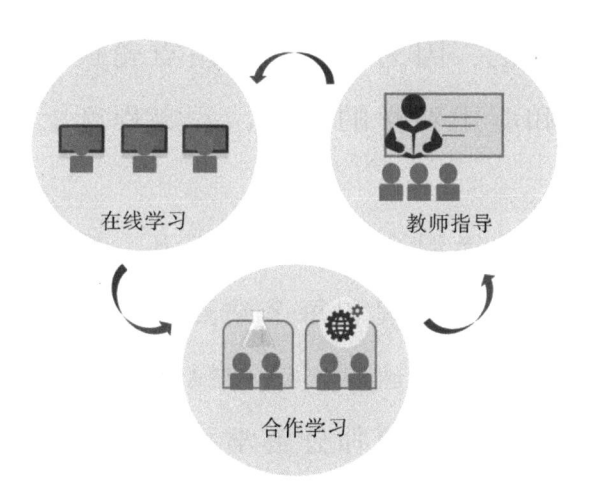

图3-1 包含三个站点的车站轮换混合式学习模式

而有些站点是小组轮换或者一个人接一个人轮换的（胡毅，2020）。

  一般来说，车站轮换混合式学习模式至少会设置三个站点：一个教师指导站点、一个在线学习站点和一个合作学习站点。教师指导站点是师生互动的环节，指的是学生在该站点学习时，主要是教师根据学生需求对其进行辅导、答疑解惑。在线学习站点是学生自主学习环节，在该站点学习过程中，学生根据教师发布或自行搜集的线上资源进行学习。合作学习站点则是生生互动环节，即学生之间通过交流协作，以小组形式进行讨论或者成果展示等。很多研究表明，通过合作学习、集体思考可以让学习更加深入。学习方式的多样化可以帮助学生增强对知识的记忆，因为在不同的站点轮换，学生会重复地学习和应用新学的知识，一定程度上克服了遗忘曲线。

  在车站轮换混合式学习模式下，教师可以通过规划学生的学习流程和每个站点的学习时间，来控制学习路径和学习速度。这种模式被看作一种时间管理计划策略，由教师分解学习活动，考虑如何最大限度地利用时间。采取分组的形式，使一些站点学习的学生人数与整个班级人数相比大幅减少，这样在教师指导和交流环节，每位学生就能够获得更多的时间与教师沟通。通过增加与学生的交流时间，教师更容易了解到每位学生的知识掌握情况，从而增强个性化学习程度。

二 车站轮换混合式学习的实施

车站轮换混合式学习的模式通常被认为是建立了一个教师可控的课堂程序，同时允许学生在一定程度上控制自己的学习速度和路径。换句话说，这种学习模式使教师能够以比传统课堂更高的程度进行个性化教学。车站轮换混合式学习模式以信息技术为依托，教师利用学习管理平台制订学习计划、设置提醒功能、发布教学资源、跟踪学习情况、进行线上交流等。这样既可以向学生适时推送需要的学习资源，也可以动态跟踪学生的学习效果，并及时地、针对性地答疑。国外常用的线上学习平台有Blackboard、Moodle、Khan Academy、Zearn Maths、i-Ready等。近几年国内的线上学习平台也不断涌现，功能不断完善，如"超星学习通""智慧树""雨课堂"等。借助这些线上学习平台，混合式教学得以更好地实施，车站轮换混合式学习的实施过程大概包括以下内容。

（一）制订学习计划

学习计划是一个有组织的时间表，教师需要列出学习时间和学习目标。学习计划对于在线学习的学生来说尤为重要，因为他们需要更自觉地完成学习任务。为了构建一个成功的学习计划，教师应该明确从一门特定的课程中实现什么学习目标，以及如何评估学生对该课程的掌握程度。制订学习计划是为学生提供学习框架，对学习内容、学习时间、学习步骤和学习要求作出规范，从而保障学生的学习效果。

教师要事先进行规划，比如，按照什么标准对学生进行分组？每组学生学习的时间表和路线图怎样安排？如何根据在线学习站点生成的数据，安排合适的学生小组进行面对面交流？在进行教学设计时，除了依靠教师的个人判断，车站轮换混合式学习还需要一个强大的学习管理系统，像一些自适应在线学习平台就可以帮助每个学生匹配适合的在线学习内容，并为教师生成可操作的学情报告。

一个成功的教学设计是实施车站轮换混合式学习的关键，需要准确进行学情分析，把握课程特点，合理设定学习目标。教师在进行教学设计时，可以能力为导向,即通过学习要培养学生的什么能力。教师可参照 21 世纪学习联盟制定的 4C 能力标准(见表 3-1),该标准指出应培养学生的批判性思维、交流、协作和创造力。如果教师在设计每个站点的学习计划时,能够考虑到一个或多个 C,学生的学习效果可能会更好。

表 3-1　　　　21 世纪学习联盟制定的 4C 能力标准

项目	对车站轮换混合式学习的启示
批判性思维(Critical Thinking)	让学生把他们的思考或推理能力展现出来
交流(Communication)	在小组讨论环节让每个学生都可以参与课堂交流和讨论
协作(Collaboration)	让学生围绕共享任务协作、合作完成
创造力(Creativity)	利用线上学习资源拓展知识范围,允许学生参与创建他们自己的学习计划

(二)指导与互动

教师与学生的互动主要发生在教师指导站,在这个学习环节中,教师应该充分了解每位学生的学习情况和学习需求。这一站点应该有两个关注目标:差异化和参与度。首先,教师在对学生进行分组时,应该考虑到学生的差异化需求,通过对学生进行持续性评估,了解学生个性化的学习需求,在此基础上对学生进行个性化的学习指导和学习规划。其次,教师也应该考虑如何让学生积极主动地参与这个站点的学习中、学生将在这种学习体验中扮演什么角色、学生是否有机会发表意见等问题。

(三) 构建反馈机制

如果教师能够根据学生的学习情况反馈结果对学生的学习路径或是学习时间表进行及时的调整,就可以增强教学的有效性。一些学校在在线学习站点利用自适应软件推送适合学生个体需求的学习内容,以缩小不同学生对知识理解的差异。教师和学生通过对学习过程的评估可以进一步推动学习活动的展开。以技术手段支持的形成性测试能够提供有效、及时的反馈,是促进学习效果提升的重要工具。如"雨课堂"在线学习平台包括对课前预习、实时课堂、课后练习全程教学活动的数据采集,从经验主义向数据主义转换,以全周期、全程的量化数据辅助教师判断分析学生学习情况,以便调整教学进度和教学节奏,做到教学过程可视可控(见案例3-1)。

案例3-1

韦建林和余悦强(2020)在研究高等学校中的体育教学改革时,以大学生在健康诊断中的体质健康数据为前提开展教学,根据学生体质的差异将学生分组,并根据学生身体存在的问题进行归类,如肥胖、肺活量不达标、速度不达标等。然后组织学生选课，课程内容包括耐力项目、肺活量项目、柔韧项目等，每个项目又分为基础班、提高班和特长班。学生则根据自身需要改善的问题结合教师的建议选择课程，并根据学习进度和体质健康变化情况在不同的班级间动态轮换。课程教学过程中，通过让学生佩戴智能运动设备来收集学生的运动量、运动心率等数据，教师进行跟踪指导。

第二节　个人轮换混合式学习

个人轮换混合式学习也是轮换模式的一种，与车站轮换混合式学习的不同之处在于，学生不一定要轮换到每个站点，他们可以按照个人不同的时间表来进行站点轮换，但个人时间表需要遵循教师意见或软件计算结果进行设置。一个班级内每位学生的知识基础、学习能力、思维方式都是不同的，统一的学习路径难以满足学生的差异化。在车站轮换混合式学习模式的基础上，增加学生站点学习的时间和轮换路线安排的自主性，可以使学习更加具有针对性，从而满足每个学生的不同需求（见图 3-2）。

教师指导　　　　　　　　　线上学习

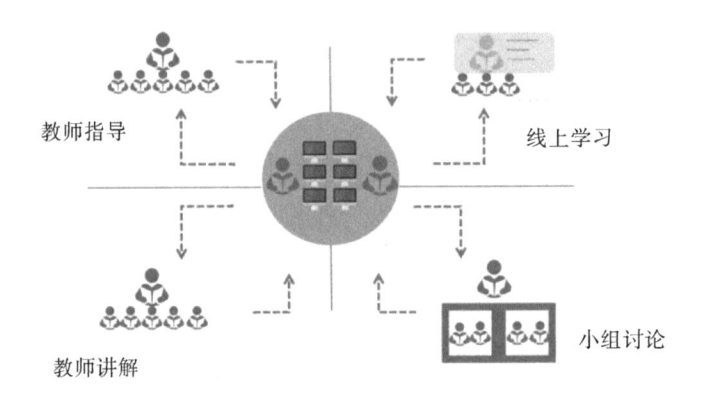

教师讲解　　　　　　　　　小组讨论

图3-2　个人轮换混合式学习模式

个人轮换混合式学习可以理解为车站轮换混合式学习模式和自主学习模式的混合。因为随着时间的推移，我们有时会看到车站轮换混合式学习模式演变成更接近于个人轮换混合式学习模式。随着教师和学生对车站轮换混合式学习模式越来越熟悉，教师为每个学生寻找到了适合的学习路径，车站轮换混合式学习模式就会逐渐演变为个人轮换混合式学习模式。个人轮换混合式学习可以提供满足学生个性化需求的教学方式，国外的一些学校在实施教学改革时，经常通过采取这种学习模式来提升学习过程的有效性。

在个人轮换混合式学习模式的实施过程中，首先是教师根据教学标准和要求，对学生个体学习水平进行诊断性的预评估。其次让学生进行个性化学习，一部分学生学习在线内容，另一部分学生接受教师指导或进行小组协作讨论，随着学习的深入，学生会需要更多、更深层次的学习内容。最后，教师进行总结性评估，为学生制定新的学习任务和学习目标，进入下一轮学习周期。总结来看，个人轮换混合式学习模式的实施对于教师来说有两个很重要的挑战，即合理制定学习任务和建设反馈机制。教师的专业能力一定程度上决定了混合式教学实施的效果，在实施混合式教学前，学校应为教师提供有针对性的指导，如线上平台的使用、后台数据的分析、微课视频的制作等。

个人轮换混合式学习模式强调为学生提供个性化的学习安排。因此，学校需要定期对学生表现情况进行测试，并分析收集到的测试数据，按照一定的标准对学生进行分班教学、制订学习计划。比如，诺兰一贯制学校（Nolan Elementary-Middle School）在实施个人轮换混合式学习模式的过程中，每年对学生进行四次测试，根据测试结果，按照学生学习水平的不同分班教学（石小岑，2016）。制订学习计划是教学实施和控制的前提，可以利用思维导图将学习计划描绘出来。这样，学生就会对学习计划一目了然，从而促进结构化学习。

随着信息技术的发展,在线教学平台可以为我们提供学生的学习数据,帮助教师获取反馈信息。数据分析的合理性依赖教师的专业能力,准确的分析结果可以为学生规划符合其需求的学习路径。在线教学平台还可以为教师、学生、家长三者提供学生学习情况的数据资料。这样,教师、学生和家长就能够实时把握学习节奏,并根据反馈情况,灵活调整学生的学习方向和学习进度。除了对线上学习环节的监督和反馈,在教师指导和小组学习环节也应建立评价机制。教师指导环节的评价主体即教师,根据学生的课堂表现进行评价反馈,小组学习环节则是学生互相评价,将三个环节的评价综合起来能够客观公正地反映出学生的学习情况。

国内有学者在研究美国混合式学习模式时,通过一些学校案例来展现个人轮换混合式学习模式的应用。个人轮换混合式学习和车站轮换混合式学习模式在中小学应用得比较多。

案例 3-2

2015 年,本尼多佛中学(Bennie Dover Middle School)与非营利性组织新课堂(New Classroom)合作,在数学课程中,用个人轮换混合式学习模式取代传统授课方式。每晚学校的数学老师都会收到每个学生的课程表，这个独特的课程表是由一个复杂的技术引擎计算出来的。教师依据课程表时间，并结合学生的个人特质、预评估分析以及课程特点，从图书馆里的9000门不同的课程中为学生选择分配一节课程。

学校的数学教师形成一个教学团队，在晚上审阅课程表，第二天早会时制订计划。上课期间，一部分教师负责为一个小组提供课程，另一部分教师负责在线上课程中一对一地指导学生，还有一部分教师可能会参与小组讨论环节。在100分钟的数学课中，学生通常能够轮换到课堂里9个学习区域中的两个。学生的1个学习轮换周期约为3周，在每个周期中，学生有机会和一组同学多次见面，共同完成学习项目。学生建立1个数学咨询小组，该小组全年定期与同一位教师见面。教师和学生都可以通过登录在线学习平台跟踪学习情况。在学习平台上，教师为每个学生创建一个独特的"技能库"，他们可以在通过某项学习任务或者达到某个学习目标时获得积分和徽章，起到鼓励作用。[①]

---

① https://www.blendedlearning.org/models/.

第三节 翻转课堂

互联网时代,信息技术的运用使得人们的思维方式、行为习惯都发生了变化,同时也为教育行业带来了创新变革的动力。2018年9月,教育部印发《关于加快建设高水平本科教育 全面提高人才培养能力的意见》,提出"要以学生发展为中心,通过教学改革促进学习革命,积极推广小班化教学、混合式教学、翻转课堂"(曾文婕、周子仪、刘磊明,2020)。在教育政策上,翻转课堂的应用与推广被认为是激发学生学习兴趣和潜能、深化大学教学改革的重要举措。

一 翻转课堂的描述

翻转课堂的概念萌芽于埃里克·马祖尔(Eric Mazur)提出的"同伴教学法"。埃里克·马祖尔是哈佛大学的物理教授,他在大学物理教学中,借助计算机技术引导学生参与教学过程,变传统教师讲授为学生自主学习、合作探究,在大班课堂教学中构建了一种学生自主学习、合作学习、生生互动、师生互动的创新教学模式。

有学者指出，课程中很多概念性的知识并不需要教师在课堂上花费过多时间去讲解，学习者可以自己学习和理解，真正需要教师帮助解决的是在作业解答和案例分析过程中遇到的困难。因此，如果将传统的课堂讲授知识和课外应用知识颠倒过来，学习的有效性就可能会随之改变（马秀麟、赵国庆、邬彤，2016）。2000年，翻转课堂这一概念在学术界出现，也有学者称之为颠倒课堂。莫里·拉吉（Maureen J. Lage）等对翻转课堂的概念定义为：颠倒课堂意味着那些在传统意义上应该在课堂中进行的活动现在发生在了课外，反之亦然（Lage，M. J.，Platt，G. J. & Treglia，M.，2000）。2011年，在美国科罗拉多州举办的翻转课堂大会上，乔纳森·伯格曼（Jonathan Bergnann）等认为翻转课堂是混合了直接讲解与建构主义学习的一种教学模式。[1]

国内关于翻转课堂并没有教育学意义上的严格、统一的定义，多是通过描述性定义来理解的。结合国内外研究，翻转课堂可以描述为学生在课前通过以线上教学视频为主要教学资源的自主学习，对知

---

[1] http://www.thedailyriff.com/articles/the-flipped-class-conversaiton-689.php.

识进行吸收、内化，教师不再占用课堂时间来讲授知识，课堂上主要是通过答疑解惑、合作探究等问题式学习、项目式学习方式，进行师生互动、生生互动，实现对知识的进一步理解和内化，从而提升学习效果、锻炼学生的协作学习能力（见图3-3）。

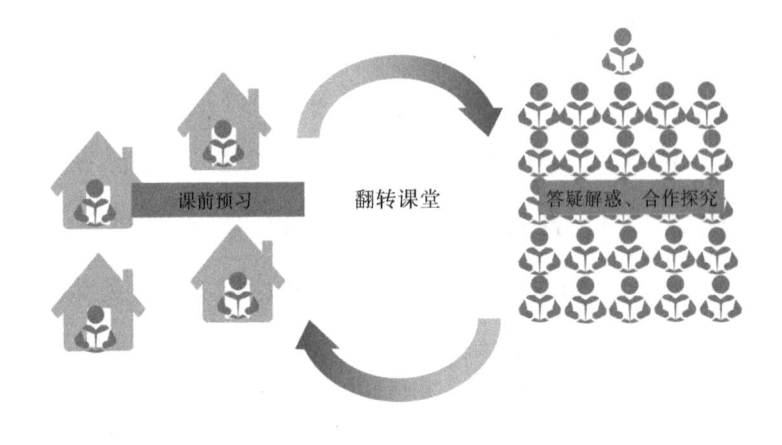

图3-3　翻转课堂模式

　　传统教学模式中的协作学习常常难以实践或者流于形式，翻转课堂则通过课前预习的方式，赋予学生更充足的课堂时间开展协作学习。有学者基于翻转课堂中的协作环节，以大学课程"计算机网络与应用"为例，研究了翻转课堂学习模式对学生协作学习效果的影响。结果显示翻转课堂学习模式对学生的沟通交流、个人责任、社会交往和小组协作技能以及个人协作绩效都有显著影响（彭红超、姜雨晴、马珊珊，2020）。

二 翻转课堂的实施

翻转课堂和其他混合式教学方式一样，也依赖数字化信息技术。翻转课堂的实施需要将线上学习资源和线下的教师答疑、学生协作结合起来，而如何将信息技术与课堂教学科学、规范地融合起来是实施翻转课堂教学模式的关键。

许多学者将首要教学原理作为翻转课堂教学设计的理论基础。教学设计是对教学活动的事先规划，根据课程标准的要求和教学对象的特点，有序安排教学诸要素，确定合适的教学方案的设想和计划。当代著名的教育技术和教学设计理论家梅里尔（David Merrill）在充分考察不同教学设计理论与模式的基础上，归纳出了首要教学原理。该原理可用于改进在线教学、多媒体教学或E-learning学习中只重视信息呈现、忽略有效教学特征的弊端。首要教学原理由问题（Problem）、激活（Activation）、演示（Demonstration）、应用（Application）、整合（Integration）五个教学原理组成。其中，问题是教学开展的中心，学生需要立足实际问题，通过学习来解决问题；激活指的是对学生所学旧知识的回忆，并将其作为学习新知识的基石；演示即将新知识展示给学生；应用是学生将所学习到的知识应用到解决问题中；整合要求学生将学习到的新知识加入自己的知识框架、融入现实生活。

翻转课堂作为应用最广泛的混合式学习模式之一，其显著的教学效果不言而喻。结合首要教学原理，为了保证翻转课堂教学的有效性，必须进行合理的教学设计，使学生在课前准备阶段和课内学习阶段效果达到最佳。翻转课堂教学模式的课前准备阶段主要是让学生自主学习线上教学资源，一般是观看教师录制的教学视频来获取课程知识、教学目标及重难点，课内学习阶段则是通过面对面教学的形式，让学生之间讨论协作、教师为学生答疑解惑。

（一）课前线上学习

借鉴首要教学原理，首先，教师要向学生明确学习目标，根据将要学习的知识内容和学生学习情况进行分析，以问题为导向，为学生制定合理的学习目标和任务，首要教学原理的根本目的就是解决问题。学习目标任务应该置于问题情境中，从而提升学生将理论知识应用到实践中的能力。其次，教师要将已经学过的知识激活，在新、旧知识之间建立连接。教师可以根据上节课所学内容设置问题或者知识框架，引导和帮助学生对之前所学知识进行回忆和梳理，同时了解与新知识之间的关系。再次，教师要对新知识进行演示。梅里尔指出，应通过多种教学方法来演示新知识，如讲授、设问、展示等。课前的线上学习以观看教师录制的视频为主，而视频质量的高低直接影响学生的学习效果，因此在制作视频时，应注意每段教学视频的时长是否合理、关键信息是否突出等。最后，教师要对学生进行线上测试，考查学生对新知识的理解和掌握情况。测试题目要以事先制定的学习目标任务为导向，围绕演示内容进行设计。根据学生答题的统计结果，明确哪些知识点学生已经掌握，哪些知识点还需要进一步讲解和补充。对掌握程度不够牢固的学生提供强化措施，如延长视频观看时间、增加作业练习等（亓玉慧、高盼望，2018）。

（二）课内翻转课堂

课内教学即线下课堂教学，以教师答疑解惑、学生协作互动的形式为主，此时师生角色翻转，学生是课堂主体，教师则充当组织协调者、帮助者。这个阶段的教学主要包括以下内容：首先，教师在课前学习阶段对要求学生学习的新知识进行梳理和总结，并根据在线测试结果，针对学生掌握比较薄弱的知识点进行答疑解惑。其次，让学生进行实际操练，用理论知识解决现实问题。高等学校中的课程是多样化的，教师在设计课堂教学活动时要考虑到不同课程的特点，可以采用角色扮演、软件实操、案例分析、演讲报告等活动形式。在首要教学原理中，反思是学习新知识的最后一个阶段，这一阶段的学习是为了进一步促进学生知识的巩固与迁移，使学生将新学的知识整合到自己已有的知识框架中。反思的手段灵活多样，可以是学生自己进行回忆、梳理、构建，也可以和同学进行讨论、辩论（见案例 3 - 3）。

案例 3 - 3

迟静和吴杰（2021）以课程"无机材料结构基础"为例，开展以"雨课堂"为学习平台的翻转课堂教学模式。"雨课堂"是清华大学和学堂在线共同推出的新型智慧教学解决方案，致力于快捷免费地为所有教学过程提供数据化、智能化的信息支持。"雨课堂"为翻转课堂的课前、课中、课后三个阶段的教学设计提供技术支持。

（一）课前学习

教师通过"雨课堂"平台向学生推送教学视频、

教学课件等资源，并配备相应的作业习题，让学生自主学习。学生对于不是特别理解的内容，可以通过点击平台上的"不懂"按钮进行标记。"雨课堂"系统会对学生的学习进度、不理解的内容、作业完成情况及正确率等数据进行自动收集。教师则通过后台数据，设计线下课堂将要解答的问题和讨论的主题。

（二）课中学习

线下课堂教学中，教师将课件通过"雨课堂"实时推送给学生，针对课前学生疑惑的问题进行解答。此时推送的课件上，学生依旧可以对没听懂的内容标记"不懂"，教师就可以实时动态地调整学习进度。学生讨论环节，可以利用"雨课堂"中"投票""弹幕"等功能进行互动，提高学生的参与度。

（三）课后复习及考核

为引导学生进行自主学习，课后拓展了学习任务，如晶体结构模式搭建、调研晶体结构对材料性能的影响等。教师通过分析雨课堂中学生作业和拓展任务完成情况的数据，对学生进行针对性的辅导，并为后续的课程设计做好准备。科学的学生考核评估体系对促进学生学习方式的转变、自主学习能力的提升具有积极影响。考核方式侧重于对学习过程中学生的参与度、成长情况进行评价，如学习动机、行为、成效和素质发展。

第四节　远程混合式学习

2020年新冠疫情的蔓延使得各大高校纷纷采用线上教学的教学方式，从而做到"停课不停教，停课不停学"。随着信息技术的发展，学习可以发生在任何时间、任何地点，遵循不同的进度。远程混合式学习（Remote Blended Learning）模式是学校的另一种选择，它允许学生在家或校外通过在线形式完成大部分课程。与翻转课堂不同，远程混合式学习不需要每天去学校，可能每周只要求学生到校一至两次，与教师进行面对面交流（见图3－4）。

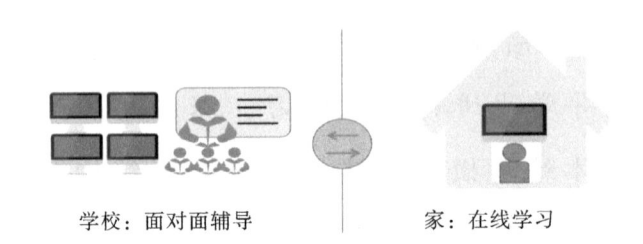

学校：面对面辅导　　　　家：在线学习

图3－4　远程混合式学习模式

一　远程混合式学习的描述

远程混合式学习也叫完全虚拟混合式学习，在远程混合式学习中，学生的学习以线上课程、线上交流为主。学生是在完全虚拟的环境中学习，较少与教师在线下面对面地学习和交流。在这种学习模式下，需要学生完全实现远程学习和独立学习，学习可以在任何时间、任何地点进行，而且有时学习速度也可以根据需要进行调整。这种模式下进行面对面学习的目的主要有两个：一是通过小组协作或教师指导来丰富学生的学习经验；二是通过定期与教师进行面对面的交流，端正学生的学习态度。

二　远程混合式学习的实施

疫情防控期间，线上教学平台为远程混合式学习提供了可能和便利。随着信息技术的发展与进步，许多移动学习交流平台不断涌现，如"超星""雨课堂""智慧树"等。这些学习平台是面向智能手机、平板电脑等移动终端的移动学习专业平台，为用户提供方便快捷的移动学习服务。其功能包括下载学习资源、进行课程直播、实现课堂互动、发布作业及考试等，这些功能帮助学生课前高效预习、课中辅助教学、课后深度复习。因此，远程混合式学习中，教师通常会利用这些学习平台进行线上教学，并利用腾讯课堂、钉钉、ZOOM等软件作为辅助工具进行直播教学、交流讨论。远程混合式学习模式的实施过程可以总结为五个阶段：课程资源建设、课前预习、课中教学、课后复习和课程考核。

（一）课程资源建设

教师应针对课程每个章节的知识点设计学习流程、制定学习目标、控制学习进度，让学生的学习效果达到最佳。在远程混合式学习模式中，学习更多地需要通过线上的方式。因此准备好学习平台、直播平台等软件是第一步。首先，教师和学生要用手机或计算机下载和安装在线学习平台软件，并完成账号注册。其次，教师登录平台进行课程建设，编辑课程章节。在各章节目录下将课件、微课视频、作业习题、测试、案例、参考资料等学习资源按照章节上传到在线教学平台，构建一个完整的、系统性的课程资源库（刘雪姣、朱胜军、孙举涛，2021）。教学视频除了教师录制的微课，还可以利用慕课上一些优质的精品课程的视频资源，尽可能选取与生活或热点话题贴近的案例，丰富的课程资源可以拓宽学生的知识面、激发学生学习的兴趣。

（二）课前预习

教师根据学期初制定的课程大纲、进度表及教案，在每次上课前将学生需要预习的资料公开发布，预习资料主要包括教师录制好的微课，制作的电子课件，网络上课程相关视频、习题及测试等。教师要求学生提前进行课程预习，学生用电子设备登录学习平台自主完成预习任务，熟悉本次将要学习的内容、目标和重难点。教师通过后台数据，实时动态掌握学生的预习情况，起到监督作用，并对学生易错的题目进行统计，为课上的教学内容做好准备。课前还可以将班级学生进行分组，每组给出一个与课程内容相关的问题，让他们提前准备，在课上回答、报告、讨论。

（三）课中教学

部分学习平台不能实现线上直播教学，因此，可以采用一些能够进行直播的软件作为辅助授课平台，如腾讯课堂、ZOOM 等。开启视频直播可以使教师更好地观察学生学习状态、与学生互动。在直播授课过程中，教师利用学习平台和直播平台的点名、提问、弹幕等功能随时与学生进行互动。相比传统的点名和提问方式，线上互动更节约时间也更具趣味性，能够调动学生的积极性。

美国教育心理学家埃德加·戴尔在 1946 年提出了"学习金字塔"理论，认为在不同的学习方式下，学习者在两周之后还能够记住的内容的比例是不同的。其中，传统的教学方式，如听讲、阅读、观看视频、观看演示等方式，学生两周后能够记住的内容低于50%；而主动学习的方式，如参与讨论、团队协作、模拟实战等方式，学生两周后能够记住的内容在70%以上（徐国艳，2020）。教学过程中以问题为导向，让学生在解决问题、应用知识中学习，会加深对知识的理解和记忆。教学内容以梳理知识框架、讲解重难点为主，并针对课前预习阶段学生困惑的问题进行答疑。教学方式不限于教师的讲授，根据"学习金字塔"理论，让学生主动学习比学生被动学习的效果好很多。教师可以根据课前给学生小组布置的问题，请学生交流讨论并发言回答，教师给予分析总结。

（四）课后复习

德国心理学家艾宾浩斯通过研究人们对于记忆遗忘的规律，绘制出了"艾宾浩斯遗忘曲线"，显示出遗忘的速度是由快变慢的。因此教师在教学过程中，最后的回忆总结是很重要的，可以快速地帮助学生巩固知识。因为记忆总是处于被遗忘的过程，所以课后需要及时地、阶段性地复习以加深记忆，教师在课后不断引导学生复习所学内容是必要的。

在远程混合式教学模式中，教师在课后通过在学习平台上再次发布作业,并在每章节学习结束后进行测试,然后设定学生需要完成的时限,从而实现对学生所学知识阶段性的复习和巩固。作业及测试完成后,教师登录平台系统批阅学生作业及试卷,并根据后台统计的数据,针对学生出错较多的题目进行讲解,再次强化学生对该知识点的理解。

(五) 课程考核

美国教育家斯克里文在 1967 年提出了教育评价中的两种方法:形成性评价和总结性评价。其中,形成性评价是对教学过程进行评价,给予正在进行的教学活动反馈信息,以期提高教学质量;总结性评价则是在教学活动结束后,对教学效果进行判断,如期末考试等。

远程混合式学习的考核方式除了进行总结性考核,还要注重对学习过程的考核。因此,可以将课前预习情况、到课率、课堂讨论积极性、作业完成情况、单元测试正确率等纳入考核范围内。这样既能提高考核结果的公平性,也能起到改善教学效果、提升学生学习主动性的作用。结合上文所说的总结性评价和形成性评价方式,构建合理的综合评价体系是保证公平、激励学生的有力保障(见案例 3-4)。

案例 3-4

熊燕和毕冬琴（2020）以"物理化学"课程为例，提供了在疫情防控期间的远程混合式教学案例，突破传统教学模式下的时空限制，利用现代信息技术建立多维学习空间。

（一）重构教学资源

采用完全线上的远程混合式学习模式，必须准备充足的线上学习资源，既包括录制的微课视频、课件、在线作业，又有与学科相关的前沿新闻报道、实验演示、专业文献等作为补充资源。学习内容分为必学和选学部分，学生可以根据自己的知识基础和学习能力对选学部分进行选择性学习。教研团队老师坚持"以学生为中心"的原则将繁杂的课程资源进行整合及合理利用。

（二）教学模式多元化

教学模式采用"一主三辅"，即以"物理化学"的精品慕课为核心，以在线学习平台、钉钉和腾讯会议为辅助工具开展教学活动。首先，通过钉钉软件建群发布课程信息和软件使用方法，对班级学生进行分组，并发布学习任务；其次，通过线上直播课，与学生线上见面，组织小组汇报，教师则分时段参加不同小组的讨论，并进行指导；最后，学生课后通过在线学习平台完成作业练习，教师则针对学生存在疑惑的知识点进行网上辅导答疑。

第五节 基于项目的混合式学习

基于项目的混合式学习（Project-based Learning）源于欧洲的项目驱动教学法。项目驱动教学法（PBL）是建构主义学习理论下的一种教学方法，德国最早将其应用于职业教育中。该教学理论发展成熟后，被美国的大学及中小学广泛采用。项目驱动教学法强调以学生为中心、主动学习及合作学习相结合，使学生成为项目实施的主体，从而培养其学习兴趣和团队合作意识。通过模拟现实情境中的真实问题，引发学生的兴趣和深度思考，学生在解决问题的过程中将知识迁移和内化。PBL模式被认为可以增加学习者学习的广度和深度，提升沟通社交能力、领导能力以及创造力。

一 基于项目的混合式学习的描述

美国巴克教育研究所（Buck Institute for Education）认为项目学习是一套系统的教学方法，是对复杂、真实问题的探究过程，也是精心设计项目作品、规划和实施项目任务的过程，学生在该过程中能够掌握所需的知识和技能。[①] 基于项目的混合式学习的原理是设计教学法（The Project Method of Teaching），设计教学法是由美国著名教育学家杜威的学生威廉·赫德·克伯屈在1918年提出的，是从杜威"做中学"的教育思想出发，并在"问题教学法"的基础上，根据内部动机和伴随学习理论所提出的一种教学组织形式和方法，其目的在于克服传统教学中呆板的课堂教学，只重视书本知识，学生被动学习，以及分科教学孤立、分散等缺点。其目的在于设想、创建一种问题情景，让学生自己去计划、执行、解决问题。整个设计教学过程包括实际的思考与各种活动，让学生一边思考，一边执行，从而获得有关知识和解决实际问题的能力。

基于项目的混合式学习的目的在于培养学生利用知识分析和解决问题的能力，让学生通过项目的设计、规划和实施来探究问题。在该学习模式中，学生既可以学习目标课程，又可以自主在线学习，同时接受面对面的指导，通过与同伴协作来设计、

[①] https://sghexport.shobserver.com/html/baijiahao/2020/09/06/257154.html.

练习和展示项目内容及成果。因此，基于项目的混合式学习是以实际问题为导向和驱动力，营造开展问题探究的真实情境，通过线上和线下学习交流，采用小组分工协作方式，完成项目设计和展示的学习模式。

二 基于项目的混合式学习的实施

经实践论证，基于项目的混合式学习被认为适用于大学中创新创业教育和涉及项目管理的学科，如经济管理、土木工程等专业（杨媛媛，2021）。有学者利用项目驱动教学理论，对土木工程施工课程进行混合式教学，通过课程改革前后的教学效果对比发现，基于项目的混合式学习模式使学生的课堂参与度及创新实践能力有明显提升（冯亚娟、施茉祺，2021）。还有学者经过实证分析发现，基于项目的混合式学习对大学生创新创业的意愿、能力等均可发挥积极的促进作用，其中，在提升大学生的创新创业能力方面的作用最大（裴要男、王承武、周洁，2019）。

在基于项目的混合式学习中，教学内容分布于课前、课中、课后。课前学生在线上教学平台进行学习；课中教师就课程学习中的重难点进行讲授，对小组项目进行指导，并组织学生进行项目探讨和成果汇报；课后帮助学生巩固、加深对知识的理解，跟踪评价学生的掌握情况。通过一系列教学活动，学生能够系统性地建构自己的知识体系并将知识运用到实践之中。

（一）教学设计阶段

教师在准备阶段对要开展的教学内容、目标进行设计。教学活动是为了让学生在实现教学目标的过程中获取知识、提升能力，所以在制定教学目标时，应尽量具体化、规范化。基于项目的混合式学习注重培养学生的研究能力、协作能力，因此，课前需要将班级内的学生按小组形式进行分配，教师向小组发布项目内容及说明，在设定教学目标时，不能只注重结果而忽略过程。

教学效果的好坏一定程度上取决于学生的学习态度，而教学内容是否与学生需求相符会对学习态度产生影响。因此，在进行教学设计时，教师应结合学生的学习风格、学习能力、基础知识掌握程度等来综合考虑学生的个性化需求。比如，教师在课前可以通过线上教学平台发布学习视频和相应的测试，摸清学生对相关知识的了解程度，从而确定适合的项目难易程度。基于项目的混合式学习包括线上学习和面对面课堂学习，教师应事先确定好功能完善的线上学习平台，线下课堂环境相比传统课堂环境要更多地考虑学生之间的交流，一般可以采用圆形桌，方便小组内学生沟通讨论。

（二）教学活动阶段

与传统的教学方式不同，基于项目的混合式学习模式的教学时间分布于课前、课中和课后。课前，教师引导学生开展自主学习，通过线上学习平台发布学习任务，学生观看线上教学视频及其他学习资源，进行线上项目跟练，获取新的知识，为后续的项目实施打下基础。每个项目小组或者学习小组都可以利用在线学习平台，对新知识进行交流讨论，加强理解。课前的在线学习，可以促使学生学习更加主动，自由规划学习时间，有利于满足学生的个性化需求。在学生自主学习的同时，教师通过在线平台监控学习进展、分析学习行为，及时提醒和引导进度较慢的学生，优化教学策略。课中，教师与学生进行面对面的线下课堂教学，根据课前布置的教学任务提出知识点对应的驱动问题，引出项目任务，让各小组分别进行讨论。此时，教师可以到每个小组旁听，观察个人学习情况和小组协作情况，并对需要帮助的小组或学生给予及时的答疑。完成小组讨论后，教师组织学生进行成果汇报，针对汇报结果进行点评，并作出最后总结。线下的学习除了教师讲授理论知识、答疑及项目展示，还可以组织学生进行实践活动来提升知识的应用能力。例如，指导学生参加课程相关的学科竞赛，或者利用校企合作的形式，带领学生到企业参观体验，或者邀请企业家进入课堂，分享实践经验。课后，教师通过线上学习平台发布作业、项目训练或者测试，使学生对所学知识进行巩固，加深理解。

（三）学习评价阶段

合理的评价方式可以激发学生的学习兴趣和积极性；相反，不合理的评价方式会遏制学生的学习主动性。基于项目的混合式学习的目标不仅包括让学生获取知识，还要提升学生的实践能力。因此，在评价学生的学习情况时，要结合形成性评价和总结性评价进行综合评价，即不仅要关注作业、测试或考试的结果考核，还要考虑过程考核，如学生在课前自主学习情况及课中的参与度、协作态度、解决问题的能力等。教师对学生存在的不足之处应及时反馈、查缺补漏，从而保证教学效果的有效性。

形成性评价的目标是监测学生的学习，提供持续的反馈，教师可以使用这些反馈来改善他们的教学效果，学生也可以使用这些反馈来改善他们的学习效果。比如，在教学过程中，教师帮助学生认识到自己的优势和劣势，发现学生存在的问题等。形成性评价相比总结性评价更重视学生的自我反思，在形成性评价中，教师和学生都是评价主体，评价方式包括教师评价学生、学生之间互评以及学生自评，目的是帮助学生更加有效地控制和调整学习过程。客观真实且具有针对性的反馈能够帮助学生认识到自身的不足，教师在进行评价反馈时应以鼓励为主，正确引导学生注意存在的问题，改善学习方法（王涛、梁亮、郑敏化，2020）。

案例 3-5

邓丽等（2021）以"C语言程序设计"课程为例，将项目开发案例贯穿教学过程中，以期提升学生的团队合作意识以及实践动手能力。在基于项目的混合式教学过程中，首先，教师借助微助教课堂应用工具创建线上课程，并对学生进行分组，每个小组2—3人，从中选取1位学生作为组长，负责组织分工。其次，教师选取一些系统开发项目，采取抽签的方式为不同小组分配项目，难度适宜的项目能够积极引导学生将理论知识应用到实践中。进行项目实践之前，教师通过讲授、案例教学等方式，为学生讲解C语言语法知识，并安排项目相关的线上视频的学习。最后，教师在课程考核中除了开展期末考试，还增加了项目答辩，两项考核内容分别占总成绩的50%，项目答辩内容包括项目整体模块设计、各模块数据结构定义方法、系统演示等。

案例3-6

冯亚娟和施茉祺（2021）以"土木施工工程"课程为例，借助建筑云课App探索了基于项目的混合式学习模式的应用和实践，实施过程分为三个阶段：课前预习实战、课中学习演示和课后巩固提高。在课前预习实战阶段采取线上教学的方式，教师首先发布针对基本概念和工程实践的测试，然后通过建筑云课App发布教学任务，并利用线上课程视频引导学生自主学习，分小组进行项目实战专项训练，训练结束后教师针对学生出现的问题组织学生进行主题讨论。课中学习演示阶段包括理论讲解、软件应用和实践活动三个环节，主要采用线下教学的方式。教师针对项目中涉及的理论知识进行讲解后，学生将项目实施方案通过VR动画或者效果图进行展示，实践活动则通过参观施工场地或者观看施工环节的视频进行。课后巩固提高阶段采用线上形式，教师在建筑云课 App 推送回顾课程内容的资料，让学生复习所学知识，并对课程中的重难点、易错点进行测试，追踪评价学生的掌握情况。

第六节 自主混合式学习

自主混合式学习（Flex Model）以自主学习为基础，而自主学习与传统的接受学习相对应。自从建构主义理论被大家接受后，教育学界越来越重视以学生为中心的教育理论，自主学习能力的培养也受到广泛关注。现代社会发展迅速，新知识层出不穷，较强的自主学习能力能够形成学生学习的内驱动力，从而帮助他们养成终身学习的习惯、激发创新能力，进而适应社会的变化。

一 自主混合式学习的描述

自主混合式学习可以被描述为：让学生根据自己的需要在不同的学习活动中自由切换，在线学习是学生学习的主要方式，教师根据需要灵活地提供支持和指导，这种模式可以给学生一个高度自我控制的学习状态。学生结合线上学习和面对面学习来完成自己的个性化学习，灵活的学习体验是大多数学生定义个性化的一个不可或缺的部分。由于学习方式的转变，学习大部分是自主式的，学生面临鉴别学习资源、进行自我规划和管理等挑战。自主混合式学习模式应该让学生保持学习动力，同时具有足够的自我意识，清楚地知道做什么、为什么做，并能够相应地进行自我调整。

自主混合式学习的一个很大的优势就是允许各种能力的学习者有机会以适合他们自己的速度来推进学习，使学习能力较强的学生进步得更快；能力相对较差的学生可以按照自己的节奏进行学习，并在他们遇到困难时得到教师的指导。而在传统的课堂学习环境中，所有学生都以相同的水平和速度接受训练，可能造成学习能力强的学生因为学习内容不具有挑战性而感到厌倦；相应地，需要额外帮助的学生却被抛在后面。自主混合式学习让学生能够管理自己的学习节奏，比如，在学习资源选取和学习速度控制上都更加灵活。这样的学习模式可能会增强学生的自主学习能力。

二 自主混合式学习的实施

在线学习平台的广泛应用让大家可以轻松获取

越来越多的线上学习资源，通过观看慕课、微课等学习不同学科和课程的知识，这种方便快捷的学习方式迅速被大众接受。但是高等学校在使用线上学习方式时也面临一些挑战，如学生是否能够在学习过程中自我约束，是否能够通过独立阅读、观察分析来达到学习目标。自主混合式学习模式相对于传统学习模式来说更考验学生的自主学习能力，自主学习能力不仅受到学生个人特质的影响，而且受到教师的引导和指导方式的影响。不论是线上学习还是线下学习，引导学生进行自我管理、自主学习都是高等学校进行教学改革的重点。在自主混合式学习模式中，教师需要通过观察来判断学生的学习情况，并且激发学生学习的积极性。如何为学生构建自主学习的环境、激发其学习兴趣，做好引导工作，是自主混合式学习的关键。

（一）帮助学生明确学习目标

在自主混合式学习模式中，学生要更多地依靠自己规划学习时间、选择学习内容。教师在开始学习前帮助学生制订合理的学习计划、明确学习目标，一方面能让学生在后续学习中更准确地筛选学习资源，另一方面能激发学生学习的兴趣和动力。在大学课程的学习中，学习目标包括知识目标、职业能力目标、社会能力目标等。分层教学法指出当学生的基础知识水平、智力因素等方面存在明显差异时，应该实施分层教学，实现不同层次的教学目标。因此在制定学习目标时，要考虑到学生之间的差异，符合个性化需求。当学习目标符合学生实际情况时，会增强学生完成学习任务的自信心，实现自我激励，形成克服困难、达成目标的驱动力（席娟、王新军，2021）。

（二）帮助学生自我控制

自主学习的过程中，学生的学习状态会受到个人情绪和所处外部环境的影响，积极的情绪和能够让学生专注于学习的外部环境，一定程度上能够正向影响学生的学习状态。美国心理学家 Zimmerman 指出，如果学生能够控制学习方法、时间和行为，并能够选择和营造学习环境，那么可以认为这是充分的自主学习。当面临消极情绪和嘈杂的外部环境时，需要学生进行自我调节、自我约束，避免影响学习进度。面对缺乏自我控制能力的学生，教师则应该帮助其在自主学习中进行自我诊断、自我监督，当学生对自身情况有理性客观的认识时，会更好地实现自我控制。在开展自主混合式学习前，教师可以带领学生学习关于自主学习的相关理论和方法、邀请优秀学生分享自主学习经验等。

(三) 考核方式多元化

教师制定有效的考核机制,对学生在学习过程中的自我调节和激励、自主学习能力的提升有很好的促进作用。教师应构建以学生为主体的多元化考核体系,并结合过程性考核和总结性考核。考核内容可以包括在线学习情况、出勤率、课堂表现、专题演讲情况以及测试成绩等。在线学习环节中,学生每完成一个专题的学习,就设置一个线上自我测试,对专题的学习情况进行检测,这样学生可以根据当前存在的不足及时地、针对性地补充学习,保证学习质量。

在传统的教学模式中,评价主体都是教师。自主混合式学习模式下,学生需要根据学习过程、学习效果进行自我判断,分析自身存在的问题及产生的原因,及时改善学习方式。引导学生进行积极的自我评价可以减少学习中的枯燥感,促进自主学习能力的培养。学生对比自己的学习任务执行情况和学习目标,分析成败和原因,进行自我反思,是这一阶段学习的结束,也是下一阶段学习的开始,自主学习是一个循环的过程。

(四) 丰富线上线下教学资源

教师可以利用线上平台构建线上课程资源,以课程教学大纲为基础，结合每个章节的重难点，对每个章节的内容按照提出问题、分析问题、解决问题的思路进行梳理，构建一个有逻辑的系统知识框架。针对每个章节的知识点录制教学视频，同时上传教学课件、教学要求、视频案例、专业资讯、学科竞赛等资源，发布线上作业、测试、主题讨论等互动内容，以便学生进行课前预习和课后复习，并拓宽知识面。通过课前预习，一方面可以提高学生在课堂上的参与度和积极性，另一方面可以加深学生对课程内容的思考和记忆（王昭等，2021）。

有些课程涉及多学科，与行业发展前沿相联系，但是目前一些常用教材的内容并没有及时更新，且侧重于理论介绍，学习起来较为枯燥。科学研究的重点在于探索知识，如果学生对学习的内容有探索研究的兴趣，那么对于改善其自主学习效果是有帮助的。因此，教师在授课过程中，应引入该学科前沿的理论和研究成果，利用案例教学，寓教于乐，调动学生学习的积极性和主动性。此外，还有学校采用本科导师制，由导师带领、指导学生进行科研和专业竞赛，这对加深对知识的理解、将理论应用于实践、提升自主学习的能力都具有积极作用（见案例 3-7）。

案例 3-7

徐奕俊和秦安兰（2020）在自主学习原理基础上引入"对分课堂"理论，将混合式教学模式分为四个阶段：课前学生自主学习、教师课堂讲授、学生课后吸收、学生课堂讨论。在第一个阶段，教师通过线上学习平台发布与下节课讲授的内容相关的学习任务，如录制的讲解视频、微课、案例、测试等。学生通过平台自主学习，教师通过后台数据了解学生自学情况。第二个阶段是线下面对面教学的形式，教师根据学生在课前自主学习阶段对知识的掌握程度，针对性地讲解学生疑惑的地方和重难点，梳理知识框架。教师的讲授可以让学生对课前学习的碎片化的知识有系统性的认识，也加深了对知识的理解。第三个阶段同样是通过线上自主学习的形式巩固所学知识，学生通过线上平台完成教师布置的作业，实现理论知识的应用。在知识吸收过程中难免会遇到问题、困惑，学生之间或者学生与教师之间都可以通过平台进行讨论和答疑。第四个阶段再次回到线下课堂，不同于第二个阶段的线下课堂主要是教师讲授，第四个阶段的上课形式以讨论为主，讨论内容则是第三个阶段所遇到的问题，学生之间、师生之间进行交流研讨，最后布置下次课程的学习任务。

第七节　内外混合式学习

党的二十大报告进一步提出要实现高等教育内涵式发展，深化产教融合、产学研结合。因此，校企合作是高等教育，特别是应用型高等教育发展的必由之路。利用校内和校外各自的资源优势，实现校内和校外教师协同育人，是未来高等教育努力的方向。在信息化教育背景下，利用线上和线下学习平台，融合校内和校外教育资源，是帮助学生将知识转化为技能的有效方式。

一　内外混合式学习的描述

内外混合式学习包括由内向外的混合式学习模式（Inside-out Blended Learning）和由外向内的混合式学习模式（Outside-in Blended Learning），两者的区别在于学生是从课堂走向课外实践，还是将课外的实践知识引入课堂。在实际教学中，两种模式经常会同时应用。结合这两种模式，内外混合式学习可以被描述为：通过线上学习平台和线下面对面课堂来学习理论知识，为实践打下基础；同时，让学生在校外进行实践活动或者将校外教师请进课堂，锻炼学生的实践能力。学生在校外实践时，校内教师也需要与学生进行交流，并给予指导，反馈学习情况，以及对学生进行心理上的支持。

二 内外混合式学习的实施

教师可以利用校内外的教学资源，开展线上和线下的内外混合式学习。一方面，可以提升学习的趣味性，调动学生的主动性，实现以学生为中心的教育模式；另一方面，学生通过亲身实践可以加强对理论知识的理解和记忆，实现知识向技能的转化。校企合作是实施内外混合式学习的一个重要形式，因此我们以校企合作实现内外混合式学习模式为例进行阐述。

（一）课程实施前

在课程实施前，学校可以深入企业进行调研，参照企业的实践经验和行业的发展现状，与企业合作制定专业人才培养方案、教学大纲，开发教材等。人才培养方案是学校组织开展教学活动、安排教学任务的规范性文件，是实施人才培养和开展质量评价的基本依据。学校根据区域经济社会发展需求、办学特色和专业实际制定专业人才培养方案。根据企业实际需求制定的人才培养方案，可以培养出适应社会发展的人才。教学大纲是根据教学计划对具体每门课程的教学目标、教学任务、教学进度、教学方法等制定的教学纲要，与企业合作制定教学大纲可以实现课程理论知识与岗位需求的有效对接，帮助学生毕业后更快更好地适应工作岗位，也能为企业培养更具实践能力的应用型人才。教材是学生系统学习知识的工具，与人才培养目标相符合的教材对提升学习效果具有积极作用。通过与企业合作编写教材，一方面能够提高教材与培养目标的契合度，另一方面可以丰富教材中的实践素材，更加紧密地联系理论与实际，增加知识的广度和深度（崔娟娟、李文杰、李忠文，2019）。

（二）课程实施中

综合利用线上和线下、校内和校外的学习资源，搭建起高等学校和企业之间的桥梁，可以帮助学生了解未来工作岗位对员工能力的要求，提前制定职业发展规划，提升实践能力。在课程实施过程中，有很多种方式来实现内外混合式学习，如企业为学生提供实习基地、操作设备、材料等，学生进入企业或实习基地，进行现场观摩、实习演练等。这样一方面可以让学生获得技能，另一方面可以为企业创造价值。或者学校和企业共同研发项目，提高学生的科研能力。或者邀请企业专家、优秀的管理者或技术人员进入课堂现场讲授。

案例 3-8

李科、何立志、郑巧玲（2021）利用云平台开展基于建筑工程识图技能等级证书任务驱动下的内外混合式教学，探索建筑工程技术专业的课程建设模式，实施步骤如下。

（一）修订课程标准和内容

建筑工程识图职业技能分为三个等级，包括初级、中级、高级。学生可以从初级或者中级开始参加考核。根据建筑工程识图职业技能等级证书（中级）的标准，学校修订了相关课程标准。主要是对比证书考核标准和目前所设课程内容存在的差距，对所欠缺的内容进行增设补充，对课程原有的知识体系进行重构，形成以基于建筑工程识图职业技能等级证书（中级）的典型工作任务为模块的知识体系。

（二）建设课程资源

分层教育是针对学生的差异性和多元化的一种

方法，通过在线教学资源的开放，学生可以根据自己的个性化需求进行学习。在建筑工程识图职业技能等级证书任务驱动的背景下，学校采用以职教云平台为依托，线上线下教学方式相结合的课程资源建设模式。其中，线上教学资源包括课程要求、教学大纲、教案、教学课件、微课、案例视频等，并持续更新资源内容。

（三）创新教学方法

课程采取线上教学和线下课堂教学相结合、始终将建筑工程识图职业技能等级证书（中级）任务作为课程教学标准的基于项目的混合式教学方式。同时，学校还结合了内外混合式教学模式，邀请校外企业专家作为教师参与教学过程。校外教师在教学中采用两种方式，一是录制施工现场的视频，设置与课程相关的情境，并针对施工中的识图问题向学生提问，在校内教学过程中，学生观看录制的视频，并针对问题给出解决方案；二是校外教师基于真实的施工项目发布实训作业，让学生亲手制作钢筋骨架，并针对作业完成情况进行指导、评价，帮助学生将知识转化为技能。

（四）综合考核方式

对学生进行课程考核时，以建筑工程识图职业技能等级证书（中级）标准为基础，构建线上和线下、校内和校外教师综合评价的方式，并且将考核分为过程评价和期末考试。其中，过程评价又包括学生平时表现（如出勤率、课堂表现）、平时考核（课前及课后的作业与测试完成情况）、项目考核（如基本理论的掌握情况、识图技能的实践表现情况等），过程评价占比60%，期末考试占比40%。相比传统的考核方式，这种考核方式更加全面、客观，能更好地提升学生的学习积极性。

第八节 "基于能力"的混合式学习

高等学校培养学生的目标，不仅是传授知识，还要培养能力、提升素养。随着人才竞争逐渐激烈，用人单位更加注重应聘人员的专业能力、创新能力等。专业能力是胜任特定职业需具备的专业技能和职业素养；创新能力是一种在遇到问题时，能够灵活地提出多样化或者新的解决方案的能力，具有创新能力的学生通常也具备较好的独立学习的能力。如果高等学校的课程教学满足社会需求，可以提高学生未来的就业竞争力。

一 "基于能力"的混合式学习的描述

"基于能力"的学习（Mastery-Based Learning）模式是由本杰明·布鲁姆（Benjamin Bloom）等在1971年提出的，学生被期望能够按照设定的能力标准完成和掌握学习内容。该模式包括五个阶段：初始练习阶段、演示阶段、结构化练习阶段、指导练习阶段和独立练习阶段。在"基于能力"的学习模式基础上，结合线上和线下教学方式，形成了"基于能力"的混合式学习（Mastery-Based Blended Learning）模式。

二 "基于能力"的混合式学习的实施

"基于能力"的混合式学习模式以培养学生的综合能力为目标，而传统的教学模式更多的是灌输知识，忽视了对学生探究、思考、创造能力的培养。因此，要实施"基于能力"的混合式学习模式，必须重构课程教学体系，对传统的教学方法、教学设计、教学评价进行改革。

（一）教学方法的改革

高等教育要培养具有自主学习能力、应用实践能力、创新探索能力的大学生（华永丽等，2022）。在互联网时代背景下，大学生的思维方式更加趋向于发散性，学习方法逐渐倾向于探究性学习，这样的深度学习有利于提高学生的高阶思维能力和解决问题的能力。如今教师在教学过程中，不能只充当知识的传递者，还应培养学生的高阶学习能力。布鲁姆分类法认为相对较低的思维能力包括记忆、理解、应用，相对较高的思维能力包括分析、评估、创造。教师在教学活动中，如果采用案例教学、协作讨论、探究学习、模拟决策等学习方法，对培养学生的高阶思维能力更有帮助（蒋德志、刘贵杰、谢迎春，2021）。

（二）教学设计的改革

有学者在设计"基于能力"的混合式学习模式时，以成果导向教育（Outcome-Based Education，OBE）理论为基础。成果导向教育也被称为能力导向教育，是斯派蒂（Spady）等在1981年提出的一种先进的教育理念。2016年后，该理念在国内被广泛接受和应用。OBE理念倡导以学生为主体、以成果为导向，从学习成果出发，逆向确定教学目标、设计教学过程、评价教学效果，其中教师负责协助学生获得学习成果。该理念强调以培养学生的能力为中心，学校教育应该让学生具备适应未来生活、工作的能力。如河南财政金融学院从2018年开始用成果导向教育引导学校商科进行教学改革，按照社会需求→培养目标→毕业要求→课程体系→课程目标→教学要求→考核内容的逆向线性约束路径，使教学过程实现标准化、流程化，达到提高教学质量的目的。①

要实施"基于能力"的混合式学习模式，进行教学设计的改革是关键。在传统的教学设计中，课程目标大多是完成教材所规定的内容，与培养学生的何种能力、满足职业的何种需求、对应毕业的何种要求等并没有很好地联结起来。采用逆向思维，将教学设计流程的终点起点化，将成果导向教育理念贯穿整个教学过程，可以让教学目标更明确、教学内容更清晰、教学评价更合理。利用OBE理论设计"基于能力"的混合式学习模式，首先要针对课程特点、社会和行业的需求，结合学校的人才培养方案及学生学情，确定学生需要提升的能力是什么，明确学习成果，从而重构教学目标。有学者从OBE理论出发，依照从明确学生的学习效果到教学设计再到效果评价的路径，对"市场营销学"课程开展

---

① http：//edu.china.com.cn/2021-06/11/content_77562640.htm? f = pad&a = true.

混合式教学。在课堂教学中，为调动学生参与的积极性、促进知识的吸收，采用了对分课堂模式，将教学分为三个阶段：讲授（presentation）、内化吸收（assimilation）、讨论（discussion），所以对分课堂模式可以简称为 PAD 模式（见图 3-5）。其特点是课堂时间的一半由老师讲授，另一半的时间让学生分组讨论。创新点在于将讲授和讨论的时间隔开，一般间隔一周到两周，让学生有时间自主学习，实现对知识的内化吸收，促进学习效果达成（韩飞燕、葛延峰、刘俊琴，2021）。

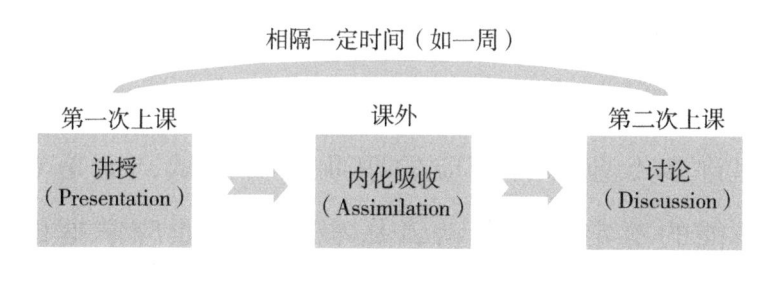

图 3-5 对分课堂

（三）教学评价的改革

将 OBE 理论应用到"基于能力"的混合式教学中，教学评价是很重要的一个环节。教学评价的目的是评估学生的实际学习成果和我们预先设定的成果是否一致。我们需要对传统的考核方式进行改革，形成综合性的评价体系。和其他混合式教学模式一样,评价方法要结合总结性评价和过程性评价,全面地了解学生的学习成果。增加过程考核一定程度上会让学生更加重视平时学习,避免期末临时突击学习的情况。

高等学校中每个专业对应的工作岗位都有对员工能力的要求,比如,建筑工程技术专业的施工员要具备建筑工程识图的技能,会计专业的出纳要具备会计核算、操作财务软件的技能。因此,除了以期末考试作为总结性考核方式,还可以将学生是否获得其专业应具有的技能作为评估学生学习情况的标准之一。这种评价方式使教学目标更加具体和明确,也能使学习效果评估体系更加直观。如高等学校里许多专业都有相应的职业资格考试,这是对职业技能的鉴定,对劳动者从事某种职业应掌握的理论知识和实践能力作出的客观评价。因此,在进行"基于能力"的混合式学习中,可以利用职业资格证书考试制定的考核标准或者学生在职业资格考试中的成绩作为学习评价依据之一。

案例3-9

陈丽芳、王云、樊秋红(2016)以培养学生的解决实际问题能力、创新思维能力为目标,对程序设计基础课程实施混合式教学改革,改革内容包括以下三个方面。

（一）教学模式

不同于传统的"填鸭式"课堂教学模式，针对课程中的重难点，采用翻转课堂的教学模式。教师将班级 59 名学生分为 10 个小组，每组指定 1 名组长。课前教师发布学习视频，要求观看 3 遍，并根据视频提出问题，组内同学一起交流讨论，找出问题的正确答案。课中，教师以问题为导向，给出关于程序设计的题目，每组学生进行讨论后现场给出答案，根据答题情况，对疑难问题进行指导。针对学生容易出错或者理解不透彻的知识点再次进行练习，从而促进知识的吸收。除此之外，还利用大学慕课中哈尔滨工业大学的视频资源补充教学内容，并开通"爱课程"SPOC 进行学习。教师通过教学平台检查学生登录的次数、观看视频的时长、作业和测试的完成情况等信息，督促学生学习。

（二）教学方法

程序设计基础课程要让学生掌握编程的原理，还要能够通过编程解决实际问题，并具有创新能力。教师将课程中导入的案例以及课后布置的作业与现实生活联系起来，提升学生的兴趣。共设置了两个案例："猜数字"游戏案例和"学生成绩管理系统"

制作案例，教师将所有章节的知识点贯穿两个案例中，案例内容由易变难、由简入繁、循序渐进，让学生不觉得枯燥的同时还学会用所学知识解决实际问题，实现融会贯通的效果。

（三）考核方式

为体现过程管理效果，课程考核方式包括三个部分：课程设计、平时成绩和上机考试。其中，平时成绩占总成绩的40%，课程设计和上机考试分别占总成绩的30%。课程设计的考核是通过3人一组完成老师布置的小型系统设计题目，以撰写设计报告和小组答辩的形式完成。平时成绩主要依据学生线上学习情况、作业及测试的完成情况、翻转课堂上的表现等。上机考试则是通过多种题型考查学生对语法结构等知识的掌握程度和应用情况。

综上所述，八种混合式学习模式都是秉承"以学生为中心"的原则，引入了线上学习方式，从教学方法、教学内容、教学设备等方面进行了线上线下的融合，只是每种模式的侧重点不尽相同。从上述案例可以看出，在混合式教学实践中，有时并不是只采用单一模式，可能同时采用两种或两种以上的混合式教学模式，如"基于能力"的混合式教学模式与翻转课堂可能同时出现在一门课程教学中。

在教育领域，创新可以是一种新的教学理论、教学方法、教学工具、学习过程或制度结构。毫无疑问，未来以科技为基础的教育将会进一步发展，高等教育必须为教育改革做好准备。高等院校应通过适当的研究和实验，探索新科技与教学的融合，以提高教学质量、改善教学效果。混合式学习通过在线学习和传统的实体课堂教学相结合的方式进行教学活动，这样的教育模式允许学生对学习的时间、地点和节奏有一定的计划和控制力，同时也在考验和锻炼着学生的自主、独立学习能力。

第四章　高等院校混合式教学建设的必要性

近年来，在现代高等教育教学中，采用混合式教学模式已成为常态。2022年4月，教育部在《教育部等五部门关于进一步加强普通高等学校在线开放课程教学管理的若干意见》解读中指出：经过近10年的持续建设和发展，特别是经历了2020年以来大规模在线教学实践，混合式教学已逐步成为高校教学新常态。混合式教学的优势在于可以让学生更广泛地使用数字终端进行学习，如手机、计算机等。在混合式教学中，教师在备课时可以收集教学资源、录制教学视频、准备测试题目、设置课堂活动与讨论环节，并提前推送给学生，以引导学生主动学习，使学生明确自己的疑点和难点；学生可以根据自身情况，在课前完成预习，以便在课堂上能更高效地讨论与学习。混合式教学模式不仅有利于教学相长，而且有利于教师在教学中根据学情的差异因材施教，合理运用教学手段，以最高效的方式让学生获得特定的知识和技能。

在信息化时代，互联网承载着海量的教育教学资源，如在线音视频资料、在线课程等，是学生获取知识的有效路径。混合式教学可以让教师的教学过程或方式更加多样化、学生的学习方式更加多元化，同时促进了教学资源库的形成与融合。采用混合式教学有助于促进高等院校学生个性化发展、教师教学质量提高和教师能力专业化。因此，高等院校混合式教学建设是必要的。

第一节　混合式教学符合高校高阶思维能力培养需求

信息技术的迅速发展推动了混合式教学作为一种前沿教学模式在高等院校得到广泛应用和深入探索。混合式教学"将成为现代大学教学的新生态"（赵小丽，2021）。与中小学相比，高等院校混合式教学在应用中呈现出独特性（于歆杰，2019）：在教学目标上更注重培养学生的高阶思维能力和创新能力；在教学内容上涵盖了更广泛、更深入的学科领域；在教学方法上倡导自主学习、团队合作和实践探索；在教学评价上更加注重多元化评价和个性化指导。这些特点使高等院校混合式教育更具针对性和实效性，为培养新时代优秀人才提供有力支撑。

一 从基础知识到高阶思维：教学目标的升级

在中小学阶段，教育的主要目标是为学生奠定坚实的学科基础，掌握基本的知识和技能。然而，随着学生知识体系的逐步构建和完善，高等教育阶段的教育目标发生了根本性的变化。此时，简单的基础知识和基本技能已不能满足学生的学习需求，他们需要培养更高层次的思维能力和创新精神来应对未来的学习和工作挑战。在基础教育阶段，教育的核心目标是为学生打好学科基础。这一阶段的教学内容主要涵盖数学、语文、自然科学、社会科学等基本学科，旨在让学生掌握基本的知识和技能。例如，学生需要学习基本的数学运算、语言表达和理解能力、科学的基本原理和社会历史的基础知识。这些知识和技能是学生未来学习和生活的基本工具。

同时，基础教育阶段还注重培养学生的学习习惯和基本的思维能力，如逻辑思维、记忆能力、注意力等。这一阶段的教育方法相对单一，以教师讲授为主，学生主要通过记忆和练习来掌握知识。这种教学方法虽然有效，但在某种程度上限制了学生自主学习和创新能力的发展。

然而，进入高等教育阶段后，学生的学习任务变得更加复杂和具有挑战性。高等教育不仅仅是知识的传授，更重要的是培养学生的高阶思维能力和创新精神。随着学生知识储备的增加和认知能力的发展，他们需要面对更加复杂的学习任务和实际问题。因此，高等教育的目标从简单的知识传授转变为培养学生的批判性思维能力、创新能力和解决实际问题的能力。同时，在高等教育阶段，教学方法也发生了显著变化。传统的讲授式教学逐渐被自主学习、合作学习和探究学习所取代。学生通过自主学习培养独立思考和解决问题的能力，通过合作学习培养团队合作精神和沟通能力，通过探究学习培养创新能力和批判性思维能力。这种教学方法不仅有助于学生深入理解知识，还能激发他们的学习兴趣和主动性，使其在学术领域和职业发展中具备竞争优势。

混合式教学正是顺应这一变化，将教育目标从基础知识传授转变为高阶思维能力和创新精神培养的一种教学模式。混合式教学结合了传统课堂教学和在线学习的优势，旨在通过多样化的教学方法和丰富的学习资源来提升学生的学习效果和学习体验。在混合式教学中，学生不仅可以通过在线平台获取丰富的学习资源，还可以在课堂上与教师和同学进行深入讨论和互动。这种教学模式不仅有助于学生自主学习，还能培养他们的合作能力和实践精神。

（一）混合式教学模式培养高阶思维的优势

（1）有助于培养自主学习能力：混合式教学注重培养学生的自主学习能力。通过在线学习，学生可以培养独立思考和解决问题的能力，增强自我管理和自我控制能力。例如，学生可以在在线平台上设定学习目标和计划，跟踪自己的学习进度和学习效果，不断调整和优化学习方法和策略。

（2）有助于培养合作学习和探究精神：混合式教学鼓励学生通过合作学习和探究学习深入理解知识，培养团队合作精神和创新能力。在课堂上，学生可以通过小组讨论、项目合作等形式进行合作学习，分享学习经验和学习成果，互相启发和帮助。例如，学生可以通过小组讨论解决学习中的问题，通过项目合作完成复杂的学习任务,通过探究学习发现和解决实际问题。

(3)有助于培养批判性思维能力:混合式教学注重培养学生的批判性思维能力。通过自主学习、合作学习和探究学习,学生可以培养独立分析和评价问题的能力,提高逻辑思维和问题解决能力。例如,学生可以通过自主学习和合作学习提出和验证自己的观点和假设,通过探究学习发现和解决实际问题,通过批判性思维分析和评价学习内容和学习过程。

(二)高阶思维能力的培养路径

高阶思维能力和创新精神是高等教育的核心目标之一。在高等教育阶段,学生不仅需要掌握专业知识和技能,还需要培养高阶思维能力和创新精神,以应对未来的学习和工作挑战。高阶思维能力包括批判性思维能力、创造性思维能力和解决问题的能力。这些能力不仅有助于学生在学术领域取得突破进展,还为未来职业发展打下坚实基础。

(1)批判性思维能力:批判性思维能力是指学生能够独立分析和评价问题,提出合理的观点和解决方案。例如,在高等教育阶段,学生需要通过阅读文献、参与讨论和撰写论文等方式培养批判性思维能力。通过分析和评价文献中的观点和证据，提出自己的观点和论据，并通过讨论和辩论验证和完善自己的观点，学生可以提高批判性思维能力和学术水平。

（2）创造性思维能力：创造性思维能力是指学生能够提出新颖的观点和解决方案，突破传统思维的束缚，创新性地解决问题。例如，在高等教育阶段，学生可以通过参与科研项目、创新竞赛和创业实践等方式培养创造性思维能力。通过科研项目，学生可以发现和解决实际问题，提出创新性的解决方案；通过创新竞赛，学生可以展示自己的创新能力和创意；通过创业实践，学生可以将自己的创意转化为实际成果，培养创业精神和创新能力。

（3）解决问题的能力：解决问题的能力是指学生能够运用所学知识和技能解决实际问题，提出有效的解决方案。例如，在高等教育阶段，学生可以通过参与实习实践、项目合作和社会服务等方式培养解决问题的能力。通过实习实践，学生可以将所学知识和技能应用到实际工作中，解决实际问题；通过项目合作，学生可以与团队成员共同解决复杂的学习任务，提出有效的解决方案；通过社会服务，学生可以运用所学的知识和技能为社会服务，解决社会问题,培养社会责任感和实践能力。

从基础知识到高阶思维能力和创新精神的培养,是教育目标的重要升级。基础教育阶段注重知识和技能的传授,为学生奠定坚实的学科基础;高等教育阶段注重高阶思维能力和创新精神的培养,帮助学生应对未来的学习和工作挑战。混合式教学通过多样化的教学方法和丰富的学习资源,促进了教育目标的升级和实现。

二 高等院校混合式教学:丰富的教学资源与多样化的教学形式融合

(一)丰富的教学资源

混合式教学通过网络平台为学生提供了海量的学习资源,极大地丰富了学生的学习内容。这些资源不仅包括课程视频、电子图书和学术论文,还涵盖了各种在线课程、模拟实验等。

(1)课程视频:课程视频是混合式教学的重要组成部分。通过录制和分享教学视频,学生可以随时随地观看和学习。这种学习方式不仅方便了学生的时间安排,还使得他们可以根据自己的学习进度反复观看和理解课程内容。例如,学生在观看教学视频时，可以暂停、回放或加速播放，从而更好地掌握复杂的知识点和技能。

（2）电子图书和学术论文：电子图书和学术论文是学生进行深入学习和研究的重要资源。在混合式教学中，学生可以通过网络平台获取各种电子图书和学术论文。这些资源不仅涵盖了各个学科的基础知识和前沿研究，还提供了大量的案例分析和实证研究，帮助学生深入理解和应用所学知识。例如，学生在学习某一理论时，可以通过阅读相关的学术论文了解其研究背景、发展历程和应用领域，从而形成全面和深入的理解。

（3）在线课程和模拟实验：在线课程和模拟实验是混合式教学的另一重要资源。通过在线课程，学生可以接触全球顶尖大学和专家的教学内容，拓宽知识视野、提升学术水平。同时，模拟实验通过虚拟实验平台，使学生可以进行各种实验操作和模拟训练，提高实践能力和实验技能。例如，学生在学习化学时，可以通过虚拟实验平台进行化学反应的模拟实验，观察反应过程和结果，理解反应机制和原理。

（二）多样化的教学形式

混合式教学不仅在资源上具有多样性，在教学形式上也采用了多种创新模式,如在线讨论、互动答疑、小组协作等。这些形式不仅能够激发学生的学习兴趣和热情,还能促进学生之间的交流与合作,提升学习效果和体验。

(1)在线讨论:在线讨论是混合式教学中的重要互动形式之一。通过在线讨论平台,学生可以就课程内容、学习问题和学术话题进行交流和讨论。这种互动形式不仅能够促进学生之间的交流与合作,还能帮助学生加深对知识的理解和掌握。例如,学生在讨论某一问题时,可以通过与他人的交流和讨论,了解不同的观点和思路,从而拓宽思维和视野,提高解决问题的能力。

(2)互动答疑:互动答疑是混合式教学中的另一重要互动形式。通过在线答疑平台,学生可以随时向教师提问,获取及时的解答和指导。这种互动形式不仅能够解决学生在学习中遇到的问题和困惑,还能促进师生之间的交流与互动,提高教学效果和学习体验。例如,学生在学习过程中遇到困难时,可以通过在线答疑平台向教师提问,获取详细的解答和指导,从而解决问题,提升学习效果。

(3)小组协作:小组协作是混合式教学中的一种重要合作学习形式。通过小组协作,学生可以共同完成学习任务和项目，提高团队合作精神和协作能力。例如，学生在完成某一项目时，可以通过小组协作进行分工合作，各自承担不同的任务和角色，共同解决问题，完成项目。这种合作学习形式不仅能够提高学习效果，还能培养学生的团队合作精神和沟通能力。

通过多样化的学习资源和形式，学生可以深入理解和掌握知识，提高学术水平和实践能力，学生还可以与他人进行深入交流和合作，分享学习经验和学习成果，提升团队合作精神和协作能力。

三 实践探索精神与创新精神：混合式教学的核心价值

在如今快速变化的社会和经济环境中，高等教育不仅要传授知识和技能，更要培养学生的实践探索精神和创新能力。混合式教学的优势之一在于通过整合传统课堂教学与在线学习资源，鼓励学生将所学知识运用于实际情境中，开展创新思维和创业实践，从而全面提升学生的综合素质和能力。所以应深入探讨混合式教学的核心价值，即培养学生的实践探索精神和创新精神，以及其在高等教育中的重要作用。

（一）混合式教学的实践探索精神

（1）实践教学的必要性：实践教学在高等教育中占据重要地位。传统的课堂教学主要依靠教师讲授和学生听课，虽然能够传授大量的理论知识，但往往缺乏实际操作和应用的机会。实践教学则通过模拟实验、项目实践和实地考察等方式，使学生能够将所学知识应用于实际情境中，增强动手能力和问题解决能力。例如，工科学生通过实验室操作和工程设计项目，能够更好地理解和掌握理论知识，培养实际操作能力和工程素养。

（2）混合式教学中的实践探索：混合式教学结合在线学习和传统课堂教学的优势，为学生提供了丰富的实践探索机会。通过在线平台，学生可以参与虚拟实验、在线模拟和项目协作等活动，在实践中检验和巩固所学知识。例如，医学专业的学生可以通过虚拟解剖平台进行人体结构的模拟实验，生物专业的学生可以通过在线实验室进行基因编辑和细胞培养的虚拟操作。这些实践活动不仅帮助学生理解复杂的理论知识，还培养了他们的实际操作能力和科学探究精神。

（3）实践探索的多样化形式：混合式教学中的

实践探索形式多样，既包括传统的实验和实习，也包括现代的在线模拟和虚拟实验。例如，学生可以通过在线平台参与虚拟实验室的操作，进行分子生物学实验、物理实验和化学反应模拟；也可以通过项目合作和实地考察，将所学知识应用于实际问题的解决。这些实践探索形式不仅丰富了学生的学习内容，还增强了他们的实践能力和创新意识。

（二）混合式教学的创新精神

（1）创新能力培养的重要性：创新能力是当今社会和经济发展的重要驱动力。高等教育不仅要培养学生的专业知识和技能，还要培养他们的创新思维和创业能力。传统的教学模式往往注重知识的传授，忽视了创新能力的培养。混合式教学通过多样化的教学方法和丰富的学习资源，鼓励学生开展创新思维和创业实践，培养他们的创新能力和创业精神。例如，商学院的学生可以通过参与创业计划和商业模拟比赛，锻炼创新思维和商业策划能力，培养创业精神和领导力。

（2）混合式教学中的创新实践：混合式教学为学生提供了广泛的创新实践机会。通过参与科研项目、创新竞赛和创业计划，学生可以将所学知识应用于实际问题的解决，培养创新能力和实践能力。

例如，计算机科学专业的学生可以通过参与编程竞赛和软件开发项目，锻炼编程能力和创新思维；设计专业的学生可以通过参与设计竞赛和创意项目，培养设计能力和创意表达能力。这些创新实践活动不仅提升了学生的专业能力，还增强了他们的创新意识和创业精神。

（3）创新精神的核心价值：混合式教学的核心价值在于培养学生的创新精神，使他们不仅获得知识和技能的提升，而且形成独立思考、勇于创新的精神。这种创新精神的形成，不仅有助于学生在学术研究上取得突破与创新，还为他们的未来职业发展和社会适应能力提供了重要支撑。例如，理工科学生通过参与科研项目和技术创新，能够发现和解决实际问题，推动科技进步和产业发展；人文社科学生通过参与社会调查和文化创新，能够提出新的理论和观点，推动社会进步和文化发展。

混合式教学通过整合传统课堂教学与在线学习资源，注重培养学生的实践探索精神和创新能力，为高等教育的发展提供了新的思路和途径。其核心价值在于通过丰富的学习资源和多样的教学形式，鼓励学生将所学知识运用于实际情境中，开展创新思维和创业实践，从而全面提升学生的综合素质和能力。高等院校应优化教学资源配置，创新教学方法和策略，推动混合式教学的创新发展，为学生的未来职业发展和社会适应能力提供坚实的基础。

第二节　混合式教学有助于促进学生个性化发展

一　大学生学习现状分析

随着网络课程平台的建设与发展，大学生利用互联网获取新知识已成为一种常态。大学生会利用各种搜索引擎、数字图书馆寻找学习资源，这表明他们已经可以初步通过各种信息平台获取自己需要的学习资源，并把相关知识内化为自己的本领（申丽君，2018）。

在利用网络资源学习之后，大学生认为线上学习时间更自由灵活、资源更丰富，学习地点也相对更自由，网络学习空间中的视频、案例、素材等资源可以随时随地反复观看，学习中的疑点和难点可在线下课堂中与教师沟通解决，有助于学生明确自己的学习目标。大学生喜欢网络空间与课堂教学相结合的混合式教学。他们认为网络课程有以下优点：知识点新颖、讲授风格多样化、视频质量高、故事性强、互动效果好、激励措施明显等（王日升、王美玲、李娜，2018）。随着课程资源的不断丰富、教学水平的不断提高，师生线上线下会配合得越来越默契，故混合式教学效果会越来越好。现阶段，混合教学模式下大学生的学习现状有以下几个方面的特点（张艳明，2021）。

（一）混合式教学下大学生具有定向自主学习能力

在设计混合式教学课程时，教师要提供课程所需的信息资源：案例、素材、精品课程视频等，然后给学生明确的自主学习任务，任务中也需列出学习目标，并给出具体的学习指导和建议。大学生在了解每节课的知识点后，可以制订出相应的学习计划，利用海量网络资源去完成任务，并可以通过完成作业、自测题等方式来检测学习效果。在有了明确的学习任务或学习目标时，大学生可以初步制定自己的学习策略，同时在遇到困难时，有解决困难的信心。反之，在大学生没有清晰的学习目标或学习任务时，其学习主动性不仅会降低，利用网络平台自我评价与监控的效果也较差。

（二）混合教学模式下大学生策略运用能力存在差异

大学生应用策略能力主要体现在以下两个方

面：一是在课前利用网络资源自主解决问题的能力，二是在课上积极参与讨论及与同学合作解决问题的能力。虽然大学生能够通过网络自主学习，但由于自身能力不一、接受程度不同等因素，在学习资源的内容、类型及交互方面的接受程度存在较大差异：一部分基础薄弱的大学生不能独立解决问题，无法完成对应的目标任务，同时自身学习能力相对较弱的大学生不会主动与他人交流，也没有进行自我反思的习惯，会在小组内部造成一些不易处理的争论、矛盾；而自身能力较强的大学生能够与小组成员合作完成学习目标，取得较好的学习效果。

（三）混合教学模式下大学生的自我监控较被动

自我监控通常有两种类型：一种为自我指向型，另一种为任务指向型。自我指向型是指大学生对心理因素进行调控的能力，主要包括学习兴趣、学习观念、情绪状态和动机水平等；任务指向型是指大学生调控任务操作因素的能力，包括学习任务、目标、方法和材料等（何基生，2009）。在混合式教学中，大学生的自我监控能力大多表现为任务指向型，由于"教师权威"而导致的大学生自我监控及调节能力缺失现象较常见。大部分大学生都是在学校、教师的要求下,进行在线自主学习,根据教师提供的检测题来检验自己的学习效果,并针对检测结果调整自身的学习方法和行为,很少有大学生根据自己的主观因素(如提高专业能力、开阔视野等)调控学习行为。所以从实践中我们可以看到大学生的自我监控能力较弱、创新思维能力也不高。

(四)混合教学模式下大学生的自我评价能力尚有欠缺

大学生的自我评价通常从以下几个维度进行:学习态度、学习动机、学习方法和学习效果等。现阶段,大多数大学生仅对学习知识、掌握技能,甚至考试分数进行自我评价,只有少数大学生的自我评价会涉及学习动机、策略与方法、学习经历,而思考未来学习目标和学习计划的更少。因此,大学生自我反思和自我总结的意识和能力都有待提高。

二 拓展个性化学习空间

(一)个性化学习

"个性化"指的是按照学习需要安排教学进度,按照学习偏好定制教学(依据不同学习者的特殊需求定制教学)。在一个个性化的教学环境中,学习目标、内容、方法和进度可能完全不同（Susan Patrick，Kathryn Kennedy，and Allison Powell，2013）。

个性化学习（personalized learning）通常是指按照学生个体独特的需要进行量体裁衣式的学习。换句话说，这种学习是定制的，其目的是帮助个体达成目标。当学生得到教师一对一的帮助而不是群体指导时，一般来说效果要好得多。1984年，本杰明·布鲁姆（Benjamin Bloom）发表了经典的《两个标准差问题》。这项研究测量了在教师提供适时教学和帮助的情况下学生的学习效果，研究结果引人注目。实施三周后，接受教师辅导的学生比普通班级学生的表现要高出两个标准差（Benjamin S. Bloom，1984）。库尔特·范莱恩（Kurt VanLehn）的元分析研究重新审视了布鲁姆的研究结论，认为教学指导的有效程度比众所周知的两个标准差要高0.79（Kurt VanLehn，2011）。

网络时代改变了传统的学习方式、学习进度及教育要求，能够让学生根据自己的需求自由灵活地选择相应的方法。个性化学习可以最大限度挖掘学生的学习潜力，从而获得学习效能感。个性化学习的内涵主要包括以下四个方面。

（1）尊重学生的个性。由于遗传、家庭背景、生活环境、个人主观意愿等因素的影响，学生的心理特征千差万别。个体差异不仅表现在学习能力、学习欲望这些后天因素中，在先天智力方面也有所体现。面对不同学生教学时，教师要尊重学生的个体差异，让课堂成为培养其个性的舞台，避免对不同个性贴上孰优孰劣的标签，这样才能使学生不随波逐流，更坚定地进行个性化学习（邓晖，2003）。

（2）坚持自主学习。学生不能被动地接受知识，而需要科学主动地去探索，去发现问题、解决问题，去个性化地获取知识。所谓自主性，即对个人行为的控制和支配能力，要求学生去独立思考为什么学、怎么学、学什么等问题，让学生在面对这些问题时有自觉的意识和反应。混合式教学能够结合"突出教师地位"的传统课堂教学和"突出学生地位"的计算机辅助教学，这种"教师主导、学生自主学习"的双主教学模式，不仅可以有效地提高学生的学习能力，还可以促进学生自主学习。学生不仅要积极主动地学习网络资源课程，还要在课堂上完成教师布置的学习任务。

（3）注重教师指导、团结协作。在个性化学习过程中，需要突出教师的指导地位，教师要适时地从学习方法、学习目标及个体差异方面给予学生指导。另外，学生之间的团结协作也能促进个性化学习效果。美国著名的心理学家班杜拉（Bandura）认为，真正有效的学习应该在学生与学生、学生与教师、学生与知识、教学与媒体的相互作用中产生。在混合式教学中，教师、学生、课本、教学环境、网络环境等因素是一个相互联系、相互影响的整体，在资源共享、多重交互、协作交流等途径下，学生常常以小组形式共同完成学习任务，发挥团队协作精神。

（4）追求全面发展和个性发展。每个学生都是独立的个体，有自己独特的学习、认知特征，追求学生个性化学习的核心是追求学生全面发展和个性发展。因此，针对不同个性的学生，要营造和谐的线上学习环境，设计独具特色的资源推送方式，最大限度地激发学生的学习潜力。

丰富多彩的学习资源是个性化学习的基础。学习资源具有四重属性：交联性、动态性、碎片化与整体性。交联性是指通过关联组合，对学习资源进行重新编辑、整理和利用；动态性是指随着科技进步，学习资源不断变化更新；碎片化是指学习资源的呈现方式是以知识点为单位，占据空间小，便于存储和查看；整体性是指把所有知识点串联起来组成知识结构或知识网络，形成独特的知识库。基于此，学生可以制作电子笔记，形成独具特点的电子书，重组知识点。在获取知识的同时，学生认识到学习资源的整体性，获得了前所未有的学习体验，升华了思维模式。学生的个性化带来不同的习惯和偏好，每个学生的学习风格都有独特性，为确保学生的学习有效性，需要为不同的学生提供个性化的学习资源（钱研，2017）。混合式教学模式拥有海量的教学资源，各种资源链接及便捷的检索功能可以为深入学习创造舒适的学习环境。在混合式教学过程中，可以充分关注学生的个体差异，利用信息技术分析不同学生对学习资源、学习方法的需求程度，据此制定相应的教学指导策略。

（二）混合式教学下个性化学习的途径与方法

以信息化技术为支持的混合式教学，在教学实施过程中，有传统教学和在线教学的共同优势，不仅体现了教师的引导作用，也激发了学生的主动性，学生能够主动参与到教学过程中，学习积极性得到明显提升（詹泽慧、李晓华，2009）。混合式教学通过网络信息技术将整个教学过程变得丰富多彩，学生获取的知识不单来源于课本，学习方式也不局限于看书和上课，还可以接受多维度的全面刺激。学生可以根据自身的需求和喜好选择适合的学习资源，真正实现个性化学习。

（1）教学内容更加丰富，学生课前可以进行线上个性化预习。当前高校慕课、SPOC、翻转课堂等成为热门，大学生的视野不再局限于校园之内，而是放眼全国甚至与世界接轨。教师在备课时，可以对上传教学平台的预习资料进行重组，设置不同类型的任务驱动，达到学生个性化的预习需求。学生的学习地点不受限制，学习时间不局限于课堂，这种随时随地、无时无刻的学习状态，使碎片化的时间得以充分利用，预习效率大大提高。

教师在准备课堂活动时，可设置不同类型、不同层次的测试题，按顺序上传至网络学习平台，学生在完成预习后，可通过完成测试题检验自己对知识点的掌握程度。为提高学生参与测试的积极性，教师可以采用相关激励措施，如点赞、加平时分等，还可以把表现优秀同学的测试结果发布在班级群里，起到引领和表率作用，供大家参考学习。课前预习测验形式可以有多种，如投票、小组讨论、简答、抢答等，充分考虑了每个学生的学习特点。同时，教师可以在教学平台上看到测试题的答题率、出错率、出错人，根据这些信息大致判断学生对知识点的掌握程度，从而在课堂教学中适当地调整教学计划，有的放矢地讲解重点和难点。

（2）课堂教学多通道互动，学生以多种形式参与课堂活动。课前点名必然会占用课堂教学时间，特别是在大班上课、合班上课时更浪费时间，还有找人替答的情况很难被发现。当前很多教学软件能够满足课堂个性化互动的需求，如利用智慧教学平台"签到"功能，教师可以选择普通、手势、位置、二维码等不同的签到形式，可以设置是否需要拍照，也可以控制签到时间长度，学期末还可以从系统导出签到表作为学生平时成绩的支撑材料。

智慧教学平台不仅可以让学生在线自主预习，还可以在课堂教学中交互使用，教师可以在智慧教学平台上向学生发放通知、测验、抢答、讨论等任务，设计好后可用于直接授课。在设计课堂教学活动时，教师要准备好相关交互控件，如签到、抢答、测试、讨论等，对于不同类型的活动设定不同的分值和答题时长，在课堂上不同时间段有针对性地发放。对于平行班上课，可以在不同班级发放，还可以根据班级情况、学生反应，有重点地发放控件，如果课堂上出现了突发情况，教师也可以临时设置某些控件（卢海涛，2020）。比如，利用"雨课堂"

平台，教师可以开启弹幕功能，学生可以畅所欲言来提高课堂参与度，教师不仅可以在后台看到是谁发送的弹幕，还可以把弹幕功能作为主观题的解答方式。如果学生对幻灯片上某个知识点不理解或有疑问可以点击"不懂"按钮，教师可通过微信端及时发现并给予回应。教师在教学平台上能随时看到交互结果，根据答题完成率提醒学生注意时间，根据出错率发现问题，还可以看到是哪些同学出错，如果有同学连续在多个交互中出错，课下可以与学生私聊，帮助学生解决难点，消除学生的畏难情绪；对于正确率较高的交互，教师可以当场表扬学生，教师的肯定会促使学生更积极主动地学习。另外，如果是平行班教学，教师还可以对比平行班的答题情况，着重在各个班级讲授疑点和难点，有针对性地布置课后作业。

（3）及时进行课后复习，注重个性辅导。根据课堂上的交互情况，教师可以在教学平台上补充学习资料，不仅可以上传一些文献、电子书、PPT，找到知识点的源头，还可以上传视频（可以是自己录制的，也可以是网上精品课程视频、微课等），让学生更直观系统地掌握知识点。此外，还可以上传一些相关经典案例，结合当前热点、焦点问题或贴近学生学习生活情况等，明确知识点的应用范围。课堂结束后，教师可以在平台上留几道综合性较强的思考题，可以是客观题也可以是主观题。思考题答案的测评可以有三种形式：系统自评、学生互评和教师批改。客观题一般设置为系统自评，学生提交答案后立刻可以看到评价结果，快速计算出正确率。学生互评可以按学号轮流安排两名或三名学生批改，系统自动计算出平均分，通过判断其他同学思路和结论的正确性，可以让学生熟悉课程内容、激发思维碰撞、避免常规错误，以达到对知识的真正掌握。教师批改便于教师在第一时间了解班级学习情况、认清不足之处以及对比平行班之间的差距，及时调整自己的教学方式，查漏补缺，发现问题解决问题。在完成作业批改后，每个学生都可以在平台上得到一个错题集（系统自动生成），学生可随时查看、复习，学期末复习时也可从系统中导出错题集，打印重做，以真正掌握所学知识点。课余时间，学生可以通过求助教师和自己在线检索加深对知识点的理解。对于疑难点和学科前沿问题，学生可以在网络学习平台上留言讨论，教师和学生均可用提问者和解答者的身份参与讨论。针对讨论结果，教师可以集中在线答疑，也可以在课堂上专门讲解，根据学生的掌握程度再次调整教学计划。

（4）课后教学评价多元化。学生在自主学习中，能够展现出多维度的综合能力，因此对学生的评价应该从多方面进行。多元评价理论具有评价内容多维化、评价方法多样化和评价主体多元化等特点。

传统教学通常只依赖教师打分，而多元评价方法以教师评价、组长评价和组内互评等形式进行，在评价学生对理论知识的掌握程度后，进一步评价其综合实践能力（叶鸿，2021）。传统的教学评价常常忽略过程性评价只注重终结性评价，而在信息技术支持下的混合式教学能够实现教学评价的多元化。教师通过教学平台可以监控整个教学过程，并有效完成过程性评价，掌握学生签到、课前预习、课上抢答、小组讨论等过程性评价内容（吴争春，2017）。可见，信息化教学平台能够为教学过程提供完整立体的数据支持，从而让学生的学习更具个性化。

三 个性化学习模式设计

（一）设计原则

（1）以学生为主体，提供多样化的学习路径。在传统的教学活动中，授课形式以面对面讲解为主，教师默认所有的学生具有同样的起点，设置同样的教学目标，无暇顾及学生的个性化发展。自个性化学习被提出以来，学生的主体地位、自主能力和自由选择权等问题得到了重点关注。在活动设计方面，个性化学习尊重学生的个体差异，注重知识点的融会贯通。为实现个性化学习效果最优化，教师在设计教学活动时，应找到课程知识的起始点，缩短本课程与前修课程的差距，合理过渡、无缝衔接，有目标有节奏地完成个性化学习。因此，在混合式教学模式下，教师应充分利用"智能性"特点，为学生的个性化学习提供充裕的条件（赵铭洋，2019）。

（2）丰富学习资源，提高学生自主建构能力。在混合式教学下开展个性化学习，一方面，教师要相信学生、鼓励学生，培养学生搜集学习资源的能力；另一方面，教师应做好准备工作、预防工作和解决问题的方案，预判学生可能会出现的问题，引导学生规避学习误区，避免学生陷入网络陷阱。对于网络学习资源，教师应在严格把关的前提下，引导学生积极主动学习，让每位学生都能找到适合自己的学习资源。合理利用教学资源和平台，让混合式教学中的资源价值发挥到最优，使学生在学习、理解知识的同时应用新知识。

（3）自主构建是个性化学习的主要特征。所谓自主构建，是指学生在已掌握的知识体系上通过教师引导，为知识体系搭建一座"桥"，借助桥梁的构架，把获得的新知识扩充到原来的知识体系中，实现新旧知识点的融会贯通。自主构建程度决定了个性化发展水平，因此，在学生自主构建知识体系过程中，需要教师及时引导和纠正。

（二）设计要素

（1）学习目标设计。在设计个性化的学习目标时，不能盲目地依照教材或参考书，把概念设为基本目标，把原理和构造设为提升目标。学生之间不仅存在个体差异，而且对其前修课程和基础课程的掌握程度千差万别，因此，在教学活动开始前，检验学生的知识能力水平这一环节必不可少。应对水平不同的学生制定适合的、个性化的学习目标。

（2）学习资源设计。在设计个性化学习资源时，首先考虑到学生的学习基础，并与学习目标相匹配，让学生有所收获。其次，应考虑到学生的接受程度，结合学生的认知水平，合理设计学习资源的难易程度，充分发挥线上学习资源的优势，提高学生的参与度。最后，为激发学生的学习兴趣，设计的学习资源尽量丰富多样，以供不同阶段、不同水平的学生使用。此外，在下载使用方面，所有的线上教学资源应可以随意下载，让学生学习不受条件、次数和时间限制。

（3）学习路径设计。学习路径是学习过程的重要载体，在设计学生个性化学习路径时，应预判学生的知识水平、学习能力，诊断出学生的知识能力等级，给出适合学生个性化学习路径的推荐。任务型的学习路径适合喜欢挑战和探索的学生，目标型的学习路径适合目标驱动型的学生，基础型的学习路径则适合"60分万岁"的学生。

第三节 混合式教学有效促进教学质量的提升

一 混合式教学优化教学模式

线上学习主要是指学生可以利用网络教学资源自主地进行线上学习，如可以通过微视频、线上习题等方式展开学习。而线下学习主要是指学生和教师之间、学生和学生之间都可以进行问题讨论和答疑。教师组织学生线下学习主要针对课堂上的重难点，学生可以主动积极参与讨论（刘兆惠、李旭、王超等，2019）。在日常教学活动中，教师可以将线下教学和线上教学相结合，这样可以更高效地帮助学生学习，拓宽知识面。对于教师而言能够补充更多的教学资源，增加不同层次的教学素材，打破传统教学模式的局限性。

（一）混合式教学可以拓展教学资源

刚步入高等院校的"00后"大学生，是随着互联网一起成长起来的，对于移动设备、在线学习有着强烈的渴望，特别是近几年兴起的慕课、微课、翻转课堂、"教育云"、电子书包等，这让许多教师不得不优化自身的教学方法，尽可能与互联网的发展相结合，采取更高效的教学方法。在这种背景下诞生的混合式教学能够让传统的教学环境和教学资源得到充分利用，并把原来孤立的教学点转化到网络共享环境中。同时，教师的教学内容也可以上传到网络教学平台中，学生可以在线下载，个人图书馆可以储存全部的数字化图书和数字化学习素材，供学生自由选择。这种教学模式以学生为主体，在课堂教学和网络教学有机结合的基础上，提升整体教学效率和质量。

混合式教学事实上是教学资源、教学方法和教学目标的有效融合，也是教学模式、教学媒介和教学环境等不同教学要素的结合。从教学模式来看，打破了原有固化死板的教学形式，让教和学更加融洽，更加有趣。所以为了更好地支撑混合式教学模式的开展，需要创建一个长久性的、实操性强的数字化教学平台。授课教师除了把课程电子课件、教学视频、参考资料、测试题等整合上传到平台上，还要给学生营造一个良好的学习园地，让学生充分借助网络手段拓宽自己的知识范围，提升自己各方面的能力（潘晔，2015）。

（二）混合式教学可以延伸学习空间

网络课程具有交互性、共享性、开放性、便捷性、超时空性等特点，这些特点都为混合式教学开展奠定了良好基础。在开展课堂教学的过程中，教师能够充分运用网络教学资源进行授课，而学生可以借助这些资源进行学习和复习。除此之外，利用这种新兴的教学方法还可以让教师和学生同步实时教学（杨子瑶，2020）。这种超时间和超空间的混合式教学模式，不仅有益于随时随地学习和巩固有关的课程知识，还可以随时在线与其他同学以及教师进行交流，快速提高学生的学习效率（焦健、魏耘，2019）。

教师在进行课堂教学时，也可以充分借助学校优质网络资源，比如多媒体网络教学设备。整合与课程相关的素材，制作成视频，通过多媒体设备进行播放，这样有益于提升教学质量，让学生更容易接受和吸收。同时，教师通过数字化教学平台带领学生积极主动参与课程内容讨论，让学生自觉主动地学习、完成作业，增强课堂互动环节，激发学生的学习兴趣，使课堂更具多样性和趣味性。这样可以将课堂教学与网络资源进行有机结合，从而有效地达到教学改革的目的。

（三）混合式课堂可以提升学习效果

在采取混合式教学模式时，教师可以全面摆脱以往课程知识点教学的板书，不再需要通过学生眼神和面部表情来判断他们是否已经全部掌握所学知识点，也不再会因突发情况而不得不加班加点地临时调整课程内容。混合式教学模式突破了原有的局限性，利用先进的网络教学设备，让学生借助网络，无论在课堂上还是课堂外都可以实现随时学习，让学生成为课堂的主导，增强教师和学生之间的互动性（杨力，2021）。提升学习效果是混合式教学的最终目的，随着混合式教学的不断推广，教师的教学水平和学生的学习状态都有了质的飞跃。

混合式教学模式下，充分应用现代教学技术手段，借助网络学习平台优化和改善课堂教学环境，丰富课程教学资源，提升整体课程教学质量。不但能够让课程讲授和模拟训练有机融合，也可以让课堂教学资源和网络教学资源融会贯通，进而强化混合式教学模式在实践中的教学成效。与此同时，还能够让学生全面掌握知识点，并且训练学生熟练掌握计算机操作技能，增强自主学习能力，为日后的就业打下必要基础。

二 混合式教学提高教学质量的实践应用

混合式教学模式并不是简单意义上的将线上教学和线下教学进行叠加，而是借助支撑这种教学模式的网络教学平台或技术把两者进行结合。混合式教学平台能提供随时查询、选择、获取相关的线上和线下数据资源与信息的服务（李莎，2019），从而加强师生联系与互动，通过不同媒体和信息交流方式解决问题。

现阶段，"学习通""雨课堂"等平台被广泛应用于混合式教学中。以"学习通"为例，其应用需要教师在每次授课前设置好课件，准备好有关教学资料，同时上传到平台，要求学生在课前预习，明确学习目标。通过"学习通",教师可以在课前收集问题,课中直接进行解答,课后学生还可以通过网络进行巩固。在设计课堂活动内容时,需要包含本节课所有的知识点和重难点,课堂上利用提前设计好的课堂活动展开学习。此外,课中也可以设置相关联的思考题和练习题,以巩固课堂知识。课后可以布置线下拓展练习题,让学生根据自己所掌握的本节知识进行问题解答,真正实现学以致用(李群、寻素君,2021)。视频、课件等资料可以是教师制作的,也可以直接使用慕课、微课等网络资源。教师可以根据课程实际需要在学习任务、课堂活动和考试等功能项设置分值权重,结合线下的期末考试,形成每个学生的最终成绩。教师可以在"学习通"里具体设置每个单元、每个章节的教学内容,然后和书本进行衔接对应。单元课程里包含了详细的课件和视频内容,学生可以根据自己的需求进行选择,同时教师也可以看到学生的任务完成情况。利用"学习通"学习,虽然时间地点比较自由,但对于自律性较差的学生来说可能达不到预期效果。因此教师应根据统计反馈情况,定期展示学生的积分和奖励,特别关注积分较低的学生。

课堂活动设置要保证丰富和多样化。签到功能能够详细记录每个学生的出勤情况。位置签到能够让教师详细观察到每个学生的具体位置以及距离范围。问卷和投票功能能够用于上次课的复习，也可以了解学生对新知识点的掌握。对于一些不善言辞的学生，利用"学习通"可以提高其课堂参与度，激发学习的积极性。在抢答中，可以对抢答名次赋值不同的积分，形成一个比学赶超的氛围，对于没有抢答成功但又知道答案的学生也可以给予分值奖励，以激励学生的学习热情。主题讨论功能是给学生提供交流讨论的平台，让学生表达自己的想法和意见，碰撞知识火花，同时还可以对解题比较快的学生予以加分、送花激励，对虽然偏离正确答案但踊跃解题的学生点赞。随堂练习是对课堂知识点的检测，以了解学生的学习情况。学生在讨论活动参与中的所有得分可以在统计板块查看。在资料栏板块，教师可以上传一些与本门课程有关的学习资料，供教师和学生随时查阅学习。在通知板块，如果学生和教师有什么问题可以第一时间上传通知信息。在作业板块，教师可以在布置作业，用来检验学生对教学内容重难点的掌握情况，作业可以灵活设置，包括设置具体的重做次数、及格分数等选项，按照提前设置好的要求，学生规范操作，有益于提高学生对知识的整体掌握质量。

三 混合式教学提高教学质量的路径

(一) 梳理师生需求，优化教学结构

在混合式教学中，学生的交互学习受到年级、专业、年龄、学习风格等因素的影响。因此，教师应在了解学生需求之后合理设计教学活动。活动结束后以打分形式测量学生的满意度，有助于准确把握学生的需求变化。教师作为教学活动的组织者，需要重视其需求。在混合式教学活动中，教师需要具备专业的教学能力，学校相关部门也应出台有关培训政策鼓励教师参与培训。而且教师在设计混合式教学活动过程中，可以邀请有关部门予以配合和支持。在混合式教学模式中更加注重师生之间以及学生之间的互动。在问题学习的基础上，培养学生掌握更多学习技巧和能力。此外，还要把平衡师生之间的关系作为游码，当教学活动发生改变时，游码的位置也会随之发生变化，因此特别强调师生的主观能动性。"学教并重"思想要在这种新兴教学模式中得到灵活应用，发挥其指导作用。

(二) 建设教学支持系统，提高教学质量

借助网络，教师组织开展混合式教学，既能提

升学生的创新思维能力,又能培养学生的主动构建能力。教学平台具有界面操作简单易学、向导功能强大、课堂活动多样化等特点,无论是教师还是学生,都能够快速熟悉界面并进入教和学的状态。评价网络教学平台整体功能是否适用,需要从教师和学生对平台的点击率、对平台给予的评价机制等多个途径反映出来。课程资源利用情况,能够从学习资源的浏览次数、下载次数等多个方面反映出来。通过对后台数据进行监控和分析,教师能够动态地掌握每节课的学习内容、是否取得实际教学效果以及这些内容在教学中的实际适用程度。

(三)建立监控评价制度,增强教学效果

通过创建监控评价制度,能够有效监督每个教师的实际教学成果,检查学生的具体学习成效,检验教与学"实然"状况等。通过反馈情况,能够改善和升级教学系统,提升教学效果,以实现有效调控。在混合式教学中,借助教学平台建立学生电子档案,能有效促进学生的自我反思、自我管理和自我评价,使评价和学习过程充分融合,并且能够确保资料收集的完整性和全面性。

(四)健全绩效考核激励制度,完善管理制度

当前绝大部分高校设置的考核机制倾向于科

研，迫使大多数教师在科研上花费大量的时间和精力，无暇顾及教学，混合式教学自然也得不到重视。对此，高等院校需要制定科学合理的考核制度，在统筹兼顾科研和教学的基础上，凸显教学的独特价值。

（五）提供优质的教学支持服务，提高混合式教学成效

混合式教学应以课程教学为载体、网络教学平台和课堂面授为依托，为学生提供适当的元认知支持。在教学系统设计时，应充分考虑学生的情感支持、认知促进和动机激发。充分考虑每个主导因素的多变性、教学活动的丰富性、教师和学生的个体差异性，不断总结教学实践，调整优化影响因素，以提升混合式教学质量和教学成效，培养学生快速成长为能为社会作出重大贡献的优秀人才。

第四节 混合式教学有助于促进教师能力专业化

一 混合式教学模式下教师面临的挑战

在大数据、人工智能、虚拟仿真、区块链等信息技术快速发展的背景下，混合式教学模式应运而生。在前面的章节中我们提到过混合式教学并不是简单意义上的重叠，而是一种重新组合。混合式教学模式下，教师在提升教学理念的基础上，科学设计教学环节，合理使用信息化课程资源和技术，个性化开展教学互动，充分发挥其主导作用，促进学生有效学习。混合式教学在教学理念、课程设计、技术应用、师生关系、网络道德规范等方面，给教师的职业能力和素养提出了新的挑战。Stavredes（2011）认为教师需要在熟练掌握理论知识、专业技能、新技术工具应用等能力后，才可成功应用并顺利开展混合式教学。Powell（2014）等指出，在开展混合式教学中，教师必须具备几个基本能力，即良好的教学素养、坚定勇敢的勇气、熟练的网络技术技能。冯晓英等（2021）认为在实施混合式教学过程中，教师必须转变自身教学理念，提高自身在各方面的教学能力，唯有做足准备才能顺利开展混合式教学工作。

除此之外，开展混合式教学还需要教师具备以下各方面的能力。

（一）混合式教学要求教师具备更强的师生共情能力

在线上教学中，师生之间的交流普遍不高，教师很难在上课时掌握每个学生的具体学习情况；在线下教学中，又存在时空跨度问题，无法拉近师生之间的情感距离，教学效果基本上依托学生的自主学习能力。而在混合式教学中，借助线上学习平台能够让教师通过数据清晰掌握和了解每个学生的具体学习情况，借助线下教学教师能够针对性地调整和制定辅导策略。此外，线上教学平台能够帮助教师节省大量时间，让教师有更多时间集中精力与学生沟通交流，增加学生对自身的认可程度，从而让学生更愿意积极主动地投入学习。通过调查发现，"00后"大学生思维较为活跃，不会盲目跟从，如果教师的整体风格较为幽默，较为平易近人，那么该教师的到课率也会较高，和学生的关系也会较为亲密。随着线上教学日渐成熟，专业课程时序性也慢慢减弱，学生有了一定的选课自由，他们会选择自己喜欢的教师，或者有吸引力的教师，因此教师必须跟上时代发展，拉近与学生的距离，提高自身魅力。

（二）混合式教学要求教师具备更全面的教学设计能力

混合式教学模式颠覆并延续了传统教学模式，使教学方法更加新颖、学习方法更加有趣、教学活动更加丰富。对于高等院校教师来说，更考验其综合能力。在具体教学安排中，需要充分利用混合式教学优势，仔细思考和制定教学环节、设定思政育人的教学目标。从教学方法来看，传统课堂教学方法无法适应当前的多元化教学目标，而混合式教学方法具备体验教学、自主学习的教学优势，更加适合当前的多元化教学情境。因此，教师需要熟练掌握更复杂的教学方法。从教学环节来看，由于专业和课程有所差异，所以混合式教学的开展流程也会大相径庭。教师需要在全面分析学生个性化学习特点的基础上，优化和改进学生自主学习环节。从教学评价角度来看，国内学者认为目前混合式教学中的评价指标体系尚未完善和健全，因而对教师的综合能力提出更高要求，需要教师结合多年的教学经验以及在应用混合式教学模式中的反馈情况，给出具体评价并完善相关的评价体系（宋宇辰，2021）。

（三）混合式教学要求教师具备更熟练的教学资源开发能力

在混合式教学中，通常会用到现代信息技术工具，如数字化教学材料、数字化教学课件、网络课程、网络交流工具等。教学资源的整体结构呈现多媒体特性、快速化特性、资源检索特性、网络互动便捷特性、内容处理快速特性等（姚海燕、王爱华，2021）。对于高等院校教师来说，在开展混合式教学时，对课程资源开发会面临三个难点：一是科技资源创新和加工难度加大。为了让学生更自觉、更主动地学习，线上课件内容呈现应足够丰富，体现出多媒体特性，这就考验教师的课件加工能力。教师可以适当利用美术加工让课件内容更具观赏性，同时还可以适当采用 VR 和虚拟现实技术，实现人机交互课件内容呈现。二是课程资源配置难度加大。除了传统教学中的课件资源，新的课件资源提供者还包含行业专家、其他社会学习者、教师辅导员等。另外，平台软件、课件平台应用程序、应用课件，这些资源的统筹应用，依靠单个教师是非常困难的，需要整合整个教学团队力量（余静、周源，2016）。三是工作要求和时间长度加大。随着教育改革政策的不断深化，再加上这种新型教学模式的持续优化和改进，教师需要有针对性地去研究和探索课程资源。

二 混合式教学模式下教师能力专业化的提升方向

在混合式教学中，教师主体地位的转变，要求教师从思考如何教，转变为思考如何引导学；教育理念的创新，要求教师不仅要设计课程，还要创造和开发课程；信息技术与教学的深度融合，要求教师不仅要精通教学，还要具备应用信息技术的能力；强调对学生的个性化引导，要求教师善于表达，更善于倾听；教学环境从线下实体课堂延伸到线上虚拟网络，要求教师会使用互联网，更要负责任地使用互联网。这些挑战，促使教师转变教学理念、提升课程设计技能、增强沟通交流能力、强化信息道德，以增强自身的专业能力，推动教育改革发展的新历程（刘晓，2020）。

（一）主动转变教学理念适应新的角色定位

在混合式教学中，教学重心从教师转为学生，教师核心角色从主演转为导演，教师地位从主体转为主导，这一系列的变化都促使教师必须顺应教学发展趋势，更新教学观念，适应新的角色定位。

在课程设计阶段，教师要承担"知识资源的创造者""学习方法的研发者""学习环境的优化者"等角色，以教学目标为指导，根据不同学生的特点，创建互动性、具体性、参与性、沉浸性的学习情境。教师在设计线上和线下的教学任务时，围绕课堂教学内容，通过"引用"和"开发"的方式创建线上学习资源库，开辟线上学习交流空间，布置线下课堂教学环境，以确保有效地实现各项教学目标。

在课程实施阶段，教师要承担"理论知识的传授者""学生学习的帮促者""知识迁移的引导者"等角色。在网络教学环节，教师需要巧妙地设计教学活动来激发学生的学习兴趣、提供与学习任务相适应的经典案例、适度参与学生讨论并督促学习进度，在帮助学生有效建立知识体系的同时，给予其一定的鼓励、支持和肯定。此外，教师还需要关注并解决学生在线上学习中遇到的问题，包括技术操作、学习困难等，不断优化和完善学生现有的认知框架，为其提供更加灵活、个性化的学习支持。在课堂教学中，教师应设计并实施切实有效的课堂教学活动，通过情境化的教学方法，引导学生将所学知识融入实际情境，加深其对知识的理解与运用。同时，关注并培养学生的思辨能力和创新能力，通过培养和锻炼他们更高层次的思维能力，使其在学习中能够更加积极地探索问题，并提出创新性的解决方案。

在课程评价阶段，教师要承担"探索新知的学习者""学习效果的评估者""教学成效的反思者"等角色。在混合式课程中，教师与学生一同踏上学习旅程，共同探索新的知识领域，教师更需要积极主动地学习新的教学理念和方法，不断更新自己的知识和技能，以提升教学质量、提高教学效果，促进学生全面发展。教师通过与学生的互动，可以及时了解学生的情绪和表现；通过难度适中的提问和测验，可以深入了解学生的学习状况，发现其潜力和不足之处，从而有针对性地给予指导和辅导；通过点评或作品展示，激发学生的学习动机，帮助其建立学习信心，教师的每一个认可和赞赏都会使学生更加坚定学习的目标和方向。此外，教师要积极开展学生评教，向学生征求意见和建议，学生的反馈可以让老师了解到自己的闪光之处和不足之处，并及时进行反思和调整。师生之间的互助与交流能够促进教学方法的创新与进步，双方共同成长。

（二）提升混合式课程设计能力

混合式课程是一种在混合式教学模式下设计的课程。混合式课程的设计，促使教师提升自身多方面的能力。

第一，教师可提升选择教学内容的能力。混合式课程的设计，是教师在对教学内容深入理解和把握的基础上，根据不同的教学目标和学生特点，将散乱的教学资源、素材和活动融合成一个有机整体的创造过程。教师需要根据学科特点和学生需求，选择合适的教学内容，确保课程的有效性和吸引力。例如，教师可以选择符合学生水平和学科要求的在线课程、教学视频和互动模拟实验等，使学生在课堂学习之外获得更多的学习资源和知识。混合式课程设计的核心和灵魂在于其创新性，教师应勇于提出新的教学方法和应用新的技术，以满足不断变化的教育需求和学生的个性化学习需求。

第二，教师可提高开发教学资源的能力。混合式课程强调通过多种教学资源支持学习，教师需要积极探索和利用各种在线学习平台和资源库，如超星学习通、雨课堂、智慧树、中国大学慕课等，以丰富自己的教学资源库。同时，教师还可以通过网络搜索、教学社区等途径获取其他教师开发的优质教学资源，从中学习借鉴，并根据自己的教学需要进行调整和改进。多样化的教学资源不仅能够满足不同学生的学习需求，还能够增加教学的趣味性和互动性，为教师和学生提供一个更广阔的发展空间。

第三，教师可增强优化资源重组的能力。在传统的教学方式中，教师通常需要花费大量时间去备课、写教案，但仍难以满足学生的个性化需求。然而，随着互联网和新信息技术的发展，教师可以利用各种在线教育资源，如教育平台、教学视频等，丰富教学内容。通过对各种资源的筛选整合和创新运用，教师可以为学生提供更具有针对性和趣味性的学习材料；也可以设计出各种合作活动和项目，实施项目教学，创造出更具互动性和个性化的学习体验，让学生在团队中共同探索和解决问题。例如，对于喜欢图像的学生，教师可以选择配备更多的图文材料；对于喜欢听音频的学生，可以提供录音资料。当教师能够灵活运用各种教学资源时，不仅可以激发学生的思维创新，还能够鼓励学生之间的合作与交流。这样的教学方式不仅可以提高学生的学习成绩，还可以培养学生的团队合作能力和创新精神，为其未来发展打下坚实基础。

第四，教师可提高运用不同方式呈现教学内容的能力。混合式课程可以采用多种教学方式，如面授、在线学习、小组讨论等。教师可以通过线上平台提供教学视频、音频、电子课件等多媒体素材，使学生能够随时随地通过网络学习；通过线上讨论和互动的形式，引导学生深入思考和讨论；通过线下课堂的小组讨论、案例分析、实验等方式，让学生更加深入地理解和应用所学内容。此外，教师还可以充分利用学习小组和合作学习的机会，让学生在团队中交流、合作和分享学习成果；通过小组项目、讨论和角色扮演等活动，创造积极的学习氛围，提高学生的学习自主性。混合式教学要求教师能够灵活运用不同的教学方式和工具，根据教学目标和学生需求，选择最适合的内容呈现方式。

第五，教师可提升设计教学活动的能力。在混合式教学中，教师将理论知识转化为实际能力的提升不是一蹴而就的，需要通过课程设计实践的持续训练和完善。其一，应主动向优秀的示范课程学习，深入剖析其独特之处，吸取其中的精华，结合自身的教学实践进行反思和改进。其二，借助网络工具向优秀教师学习并与其交流，敢于接纳专家学者的评价和信息反馈，通过分享经验和见解，碰撞出思想的火花，迸发出更多的创新意念和方法，促进能力的共同提升。其三，及时反思教学成效，总结课程设计的成功和不足，持续积累教学经验，形成"设计—实践—反思—提升—再设计"的良性循环，成为课程的"创造者"和"开发者"。

这些能力共同构成了混合式课程设计能力，教师通过提升这些能力，能够更好地理解和把握混合式教学理念，从而提高混合式课程的教学效果。

（三）提升沟通交流能力并建立新型师生关系

在混合式教学中，教师和学生的交流互动具有"教师—学生"两主体、"课堂—网络"两空间、"课上—课下"多时间、"异步—同步"多形式等特点。以学生为中心的教学理念，促使教师通过平等、开放和多元的师生互动来引导教学全过程，高效开展课堂活动。

（1）课前阶段。教师可以提前在线上平台发布预习资料、问题或讨论，引导学生课前进行思考。通过线上交流平台，建立学习小组并参与讨论，激发学生的学习兴趣，了解学生的学习进度及其对自学内容的掌握情况。适时给予更多的正向激励和提醒，确保学生对课堂环节有充分的认知准备和积极的情感准备。通过这些课前准备，教师能更准确地把握教学重难点，使课堂教学更加具有针对性和有效性。

（2）课中阶段。在传统教学中，学生往往被动地接受知识，而在虚拟的网络空间中，学生可能更容易感到孤独和焦虑。混合式教学通过虚拟和现实相结合，将学生重新拉回教学课堂的现实环境中。这种面对面的情感交流和思想碰撞，消除了学生因社会临场感、教学临场感和认知临场感缺失而可能带来的孤独和焦虑。学生们不再孤立地面对电脑屏幕，而是能够与教师和同学们真正互动和合作。这种互动合作增强了学生对教师的信任和尊重，让他们感受到教师的关心和支持，从而更愿意向教师表达自己的学习需求。

（3）课后阶段。师生之间的良好互动是教学过程中不可或缺的一部分，教师通过与学生的互动，询问学生对学习任务的难易和学习进度的快慢来评估学生的学习情况。学生也有机会对学习资源和教学手段提出意见和建议，帮助教师开展教学反思，归因教学成败，促进教师教学水平和教学质量不断提升。

面对新型的互动关系和深层次的互动需求，促使教师积极调整角色定位，不断提升在自我表达、倾听理解和同理反应等方面的沟通交流能力，以"亦师亦友"的态度与学生相处，建立和谐稳定、健康发展的师生关系。这不仅符合"以学生为中心、以教师为主导"的教学理念，也是开展高质量混合式教学、实现教学目标的必然要求。

（四）强化信息道德

随着互联网、大数据、人工智能等新一代信息技术的迅猛发展，大学生日常接触到的信息源变得更加广泛。然而，这也给他们带来了更大的信息风险。混合式教学中，互联网、慕课平台、精品共享课程的广泛应用，能够让教师和学生更便捷地获取行业最新资讯和更优质的教学资源。然而，在复杂多变的网络环境下，一些错误、负面消极的信息也随之而来，更有甚者刻意利用网络传播虚假内容和非主流的价值观。作为信息传播的传递者和引导者，教师务必要重视和强化信息道德。

教师应自觉担当起不良信息的"防火墙"和"过滤网"。不通过互联网不分良莠地下载信息，不浏览、保存或传播违背社会主义核心价值观的封建、迷信等信息，更不能将其传递给学生。相反，应当鼓励学生使用正确、有益的信息资源，引导学生选择可靠的、权威的信息来源，并教授他们使用互联网的方法和技巧，建立正确的价值观和判断能力，以免受到不良信息的影响。教师应自觉维护他人的合法信息权益。不得私自传播、擅自使用涉及他人隐私的信息或设计版权的网络教学资料；不得私自复制、修改、传播他人的研究成果。教师在引用他人的观点、文字、图片等作品或资源时，应正确引用、标注来源，以保护知识产权的权益，维护教育的诚信和公正。教师还应自觉开展信息道德教育，以身作则。首先，用实际行动为学生做好榜样和典范，注重自身修养和道德素养的提升，成为学生树立正确社会价值观的榜样和典范。其次，在教学过程中注入道德教育元素，通过案例分析、课堂讨论、组织信息道德教育活动等方式，引导学生认识到信息道德的重要性，并掌握正确的信息获取、使用和传播的方法。最后，培养学生的批判思维和分析能力，让他们能够理性思考，不轻易相信、传播不良信息。

学高为师，身正为范。无论在现实世界还是在虚拟网络空间，教师都应该做到言行一致、表里如一，用高尚的人格魅力去感染学生，用优秀的道德品行去教育学生。

第五章　高等院校混合式教学改革成效

　　相比以往僵化的教学程序，混合式教学是寻找正确教育方式、探索"自然的教育"的一种尝试。同时，高等院校混合式教学改革所带来的新图景也在向我们展示它的优势与成效。首先，混合式教学模式借助数字化教学平台，实现了教学目标的分层设置，满足了学生差异化的学习需求。其次，混合式教学改革完善了高等院校的课程建设，高等院校的课程内容得以不断更新，课程育人的价值引领效果也更加明显。混合式教学打破了教学的时空限制壁垒，使高等院校教学形式多样化、灵活化，学生吸收知识的方式更加丰富和便捷，可以利用碎片时间随时随地进行学习。再次，混合式教学改变了教师传授—学生接受的传统师生关系，用以学生为中心、以产出为导向的教学设计覆盖教学的全过程，使教育主体与客体的关系更加密切，建构了新型和谐的师生关系。最后，混合式教学进行了多元考核设计，突出过程评价。混合式教学改革将数字技术嵌入教学场域，留痕数据记录了教学活动的全过程，并结合高校教学实际和学生特点，建立科学可行的评价制度，有助于准确评估和实时反馈教学目标的实现情况。

第一节　分层设置教学目标，满足学生差异化的学习需求

学生学习的自觉性和自律性、学习态度和学习能力各不相同，导致学生在进入课堂时具有"差异化"特质，即对课前基础知识的掌握情况参差不齐。这就要求教师必须正视学生差异，对不同类型的学生设置不同层次的教学目标。同时在进行课程考核时，教师需要结合学生取得的进步和变化，对学习情况、学习效果形成综合性评价，正确处理好课程教学目标与学生差异化需求之间的关系。与传统课堂相比，混合式教学可以帮助教师利用数字教学平台设置分层教学目标，从而满足学生差异化的学习

需求。比如，教师在混合式教学中的线上教学平台可以针对不同学生发布不同层次的教学任务，允许学生根据自身学习需求自行决定学习的时间、地点甚至部分的学习内容。

一 线上教学平台助力教学目标的分层设置

上海理工大学教师发展中心通过问卷星分别对教师与学生设计了不同的问题，进行了以"线上教学效果及混合式教学意愿"为主题的问卷调查，总计得到419份教师问卷与4219份学生问卷。问卷结果表明有一半的教师认为将信息技术融入教学有利于依照需求选择适合的教学方式。在访谈中，一些教师表示，由于长期存在的"赶进度""填鸭式"教育方式，大多数学生无法深入学习且实际学习效率不高，究其原因是教师担忧有限的课堂时间不足以讲完备课内容，仍旧习惯通过效率为先的传统教学方式开展课堂教学。而经过大规模的线上教学后，教育者领悟到唯有将核心学习目标视为最终导向来倒推教学过程中内容的挑选、环节的安排、方式的改进，并且重视学生学习的自觉性与自主性、沟通能力、独立思考能力、创新创造能力等方面的培养与发展，方可促进受教育者在各个方面对于外部所授知识的深入学习与内化（曹海艳、孙跃东、罗尧成等，2022）。

混合式教学模式借助信息技术搭建了诸多线上教学平台，如"慕课""学习通""超星"等。在实施混合式教学时，教师首先可以将课程中的预习内容、知识点中的重难点，相应的录音录像、文档资料等上传到教学平台。学生需要完成预习内容，并把在预习过程中遇到的问题，提交到云学习管理系统支撑的教学平台中。其次，针对学生所提出的问题调整课程设计，进行备课。在备课过程中，教师运用思维导图工具厘清各个课堂教学环节以及相互之间的联系，并根据学生在预习中的表现为不同学生分层设置需要达到的教学目标。课中基于教学平台的数据与备课教案有针对性地进行重难点讲解。课后运用学习软件设定分层作业，并要求学生及时完成作业从而更好地巩固已学知识。教师可以利用教学管理软件对学生作业的完成状况作出评估反馈，判断每个学生是否达到课前设置的教学目标。最后，教师还可将课堂知识点加以总结升华，并把知识点的总结图片上传给学生，使学生通过知识点的总结图片，结合自身的学习需求反思哪些知识点自己已经学会，哪些还需进行复习巩固。

二 教学目标的分层设置在不同线上课程资源中的体现

混合式教学模式教学目标的分层设置可以在不同线上课程资源中得到体现。就高校大部分专业而言，学生常用的线上课程资源主要有三类。

第一类是任课教师自制的线上资源，如电子教案、教学计划、教学视频、考试题库和题库等。电子教案是教师根据课程标准、教学大纲和教材的要求，结合学生的实际情况，为顺利、有效地开展教学活动而设计和安排的一种实用的教学文件。它以课时或学科为单位，设计和安排教学内容、教学步骤和教学方法。电子教案是指完全输入储存并通过计算机展示的教案，一般与教师在传统课堂中的课程内容相对应。电子教案与传统教案不同，不仅可以供教师自己在课堂上阅读，还可以通过共享屏幕让学生一同阅读。电子教案囊括了教师教学过程中完整的板书内容以及一些动态场景，丰富了课堂内容，让学生在声、光、电多种因素共同营造的美妙环境中进行学习，这无疑有利于学习效果的提升。

教学计划是基于明确的教育目标与教学对象设计的有关教育工作的指导文件，涵盖教材内容的简要分析、受教育者分析、教学目标制定、教学重难点分析、课前准备、教学过程安排等内容。教学计划确定了教学的总体方向与框架，详尽安排了有关学校教学、生产劳动以及课余活动等方面，明确了科目的设立、各个科目的教学次序、课时安排与其他教学相关活动等，教学计划、教学大纲和教科书互相联系，共同反映了教学内容。教学视频是根据教学大纲的要求，通过确定教学目标、分析教学内容和任务等，制作的课程视频。录制教学视频，可以让教师理顺内容体系，把重点和难点整理清楚，能够不断修正教学模式，达到更好的教学效果。课堂教学的把控方式和对教育体系的了解程度是教师必须具备的一种基础能力，而在传统的课堂教学模式之中需要在有限的时间内对授课内容进行完整的阐释，导致许多教师所了解的丰富知识难以完全展示，而通过视频教学，能够让教师将自身所掌握的知识更好地教授给学生。同时，视频教学模式不仅具有教学的灵活性也具有更好的教学效果，且随着近年来视频教学模式和教学环境的逐步成熟，网络视频教育教学得到了广阔的发展空间，越来越多的学生和教师可以通过视频教学实现自我价值。考试题库一般而言是针对学生考试过程中出现的高频重难点收集的题目合集，其目的在于帮助学生进一步掌握课程知识，提升学习效果。题库是在严格依据教育测量理论的基础上，以计算机系统为载体获取的特定学科相关题目的合集，是基于明确有效的相关理论知识设计的教育测量工具。若是单纯地收集储存特定学科的相关习题，只能称为习题集，并非我们所说的题库。真正的题库是与习题相关的数据库，它不仅是使用者输入、保存、再现试题的工具，而且拥有分类查询、关键词查找、试卷生成、分析反馈等高级功能。

  第二类是线上公开资源，主要指课程教学大纲以及与课程相关线上学习资源。教学大纲在各个方面对课程进行了规定，包括教学目标、考查内容、实验活动以及作业安排等，明确了课程的教学计划。线上相关资源适合帮助学生自主学习，从而达成相应的教学目标。此类课程可追溯至20世纪的英国，英国广播电视台于20世纪90年代开播英国开放大学的节目，远距离教学的观念与相关实践伴随计算机技术的飞速发展产生了巨大变化。其中，英国开放大学团队于2006年开始主导的"开放学习"计划是里程碑式的存在。它以资源共享为指导思想，以计算机技术为载体，于计算机虚拟空间中建造线上公开课网络。从2006年到2021年，共计有225个国家和地区参与其中。

第三类是实时动态课程资源，指的是教师授课各个环节中生成的各类资源，如教师让学生上传重难点的讲解笔记。其最终的效果是提升了教学资源支撑的保障度，这主要体现在两个方面。一方面，线上学习平台的保障。其一，教师与学生均可以通过特定途径与后台沟通，指出在使用过程中遇到的问题或是给出相关的改进意见，推动平台从用户的角度不断优化，便于师生的教学和学习；其二，线上平台作为教师与学生之间有效的沟通桥梁，促进教师通过平台与学生保持沟通交流，及时得到学生的学习反馈，获得更高质量的教学成果。另一方面，保证了学习资源，有利于线上线下教学方式相结合，有利于知识点的拓展与补充。其一，结合学生实际情况与本校办学宗旨自制线上教学资源；其二，给学生提供经过仔细筛选后的高水平网络课程、课件等线上学习资源，满足学生因材施教的个性化需求，通过"外部引进、内部研发"双线并行的模式进一步完善学生学习资源（那琳、贾凯，2022）。

本教材编写团队于 2021 年 9 月至 2021 年 12 月进行了"线上线下混合式教学效果及困境"的实地访谈调查,访谈对象为四所高等院校的 40 名教师和 80 名学生。根据教材编写团队对师生的访谈,首先,我们发现,混合式教学能帮助教师提高教学效率。开展混合式教学以前,教学资源大部分都是线下的,要经常手写更新。实行混合式教学而获取的高质量网络资源在给学生提供完备学习资源的同时,也更有助于教师持续高效地进行教学工作。其次,实施混合式教学以来,教师的工作变得更有目的性。平台所提供的数据和丰富的线上教学资源帮助教师更多地关注他们所指导的学生,有针对性地满足了学生的需求。混合式教学使教师更有效地利用时间对学生进行指导,教师可以在线上学习时讲授课程,还可以推动学生之间的协作。再次,丰富的线上课程资源让学生可以随时随地以各种途径和进度进行学习,可为学生提供一个灵活的学习方式,使学生自己安排学习进度,在真正掌握一个知识点之后再继续学习,如果学生对知识点掌握不牢固,则可以放慢学习速度,它为学生采用不同途径迈向同一目标提供了一个灵活的方式。最后,优质的线上教学视频、在线测评、学习数据反馈等,有助于教师教学的改进和优化，使教师成为学生学习的设计者、促进者、合作者、评价者以及引导者等。同时，混合式教学背景下的线上课程资源受到学生的普遍欢迎和认可，优质的线上课程资源可以通过教学目标的分层设置赋予学生更多的自主权，让学生能够根据自己的需求与能力安排自己课程的学习，帮助学生进行深入学习，提高学生的学习兴趣，进而提升学习效果。

三　学生个性化学习需求的满足

根据本教材编写团队对四所院校师生的访谈结果，部分被访谈教师认为实施混合式教学之后，他们对"如何使学生更好地参与，如何利用好线上的时间以及如何理解混合式教学"进行了深度培训，这些培训使他们能在课堂上合理进行混合式教学，并根据学生的个性化学习需求分层设置教学目标。此外，学生的自主学习能力在接受混合式教学后也得到了提高，现在有很多学生可以自己解决问题，并且能够互相帮助。而且，当学生理解了混合式教学后，教师不用告诉学生要做什么，他们就知道怎么做，这在以前是很难做到的。

以本书第三章中提到的个人轮换混合式学习模式为例,由于一个班级内每位学生的知识基础、学习能力、思维方式都是不同的,统一的学习路径难以满足学生的差异化学习需求,因此个人轮换混合式学习模式在车站轮换混合式学习模式的基础上,设置了不同层次的教学目标,增加了学生进行站点学习时间和轮换路线安排的自主性,可以使学习更加具有针对性,从而满足每个学生的不同需求。

第二节 教学内容持续更新,课程育人功能持续显现

中国混合式教学起步相对较晚,但发展相当迅速。随着网络科技的迅速发展,线上线下相结合的混合式教学越来越普及。新冠疫情期间"停课不停教、停课不停学"系列政策的实施,也把混合式教学模式提到了前所未有的高度。2018年4月,为加快推动中国高等教育现代化,早日实现高等教育强国目标,教育部印发了《教育信息化2.0行动计划》,该行动计划进一步明确了中国高等教育需要与科技进行深度融合,从而不断推动教育向高阶水平发展。近年来,中国式混合式教学模式已在国内外

的众多高等院校推行并受到广泛重视。

一 教学内容与方式的更新

信息化时代背景下，混合式教学将是普通高等院校教育发展的必然趋势。通过移动通信设备、网络学习环境和课堂教学与讨论"三位一体"，混合式教学模式突破了传统课堂的时空局限性，可以及时了解学生对课程的掌握情况，即时调整教学内容，促进高等院校教学改革和高质量发展。

（一）教学内容不断扩展

在以往的教学中，课堂上传授的知识通常以书本内容为主。学生获取学习内容的渠道较为单一，不利于学生课程学习的融会贯通。而高等院校混合式教学模式借助网络教育平台，利用和挖掘网络教学资源，把课堂延伸至课后，扩展了教学课堂，提升了教学效率。混合式教学模式是一个系统性、完整性的教学实践过程，随着互联网信息的快速更新，课程的教学内容也可以快速更新，使课程内容与时俱进，并且更加丰富。例如，在高等院校英语课程中，可以运用移动 App 中的英语教育资源丰富大学生对某个知识点的认识，在课堂教学中运用翻转课堂等教学形式展示教学内容，便于大学生理解和掌握学习内容，引导学生进一步探究，提高学生的自学能力和应用能力。

（二）教学方式多样化

当前混合式教学所采用的课堂教学方法不仅手段多样化，而且内容也在不断更新。常用的教学方法有：第一，问题案例引导型教学方法。如利用上市公司财务造假案例，通过问题引导式案例教学调动学生的求知欲，在教师的指导下积极探究财务管理相关知识。第二，合作互动式教学方法。合作互动式教学方法是学生在探究知识的过程中，各抒己见、共享观点、共同提高，同时培养学生的主观意识和创造力，使学生爱学、会做、善于发现问题。第三，翻转课堂型教学方法。如学生可以在课前或课外浏览教师所上传的视频讲解和参考资料，从而在拓展学习内容的基础上进一步提高自主学习的能力。另外，课堂上的同伴练习与分组学习加强了学生间的交流沟通能力，同时也有利于提高学生对专业基础知识的吸收与转化能力。具体而言，整合智慧移动终端，实施"网络＋黑板＋移动终端用户"的混合教学与管理模式，采用个案引导、协作交互、翻转课堂教学等多样化教学与管理方法，找到以"学"

为主的教学方式，顺利完成理论知识教育从"传递模型"向"自主学习模型"转变，培养学生的学习兴趣，激发学生的内在学习动力，从而全面提高高等教育的教学质量与效益（苏欣，2021）。

二 提高课堂学习效率

在传统课堂教学中，没有过多的课时留给课堂互动环节，而通过慕课的形式可以把互动环节上传到教学软件中，通过学生互评和教师点评等方式对学生互动的效果进行评估，有助于学生对课堂学习的内容产生更加深刻的理解，提高学习效率。例如，在新文科背景下语言类专业的学习过程中，学生难免会因为文化差异产生困惑和不解，这时教师可以在教学软件中上传有关语言文化、语言历史的短片，帮助学生对所学内容产生更深层次的理解。事实上，线下环节是语言类教学的黄金机会，将适合线下教学的内容放在课堂上重点讲授，并在课后充分发挥学生的主观能动性，如情景剧活动和视频教学，学生和教师一起分享讨论，从而达到寓教于乐的效果和教学相长的成效。

三 新文科视角下混合式教学的优势

高等院校混合式教学改革促进了高等教育的高质量发展,混合式教学改革一方面改变了传统的以理论知识为导向的教学思想;另一方面注重教学与实践的培育,以丰富多样的课堂教学形式,改变了教学主体和客体之间的关系,将传统知识从课后内化迁移至现代课堂教学中,提高了学生知识运用能力。另外,混合式教学改革使得教育活动"有实效""高效率"且"有经济效益",如运用虚拟仿真实验区、校内外实习基地等物理场地,以培养学生掌握知识的能力,并运用教育网络、人工智能、云端平台等,对课前、课中、课后环节实施一体化设计,实现了知识传递、素养提高、能力训练、价值导向等培养目标的叠加,促进了高等教育的高质量发展。

在教育信息日益网络化、数字化、智能化的大背景下,中国传统的课堂教学也在进行时代性变革,而这个改革的现实性选择便是进行混合式教学改革,建立新型的教学共同体,即坚持以学习者为中心,依托数字化校园与互联网教育平台,打造主动式、探究型、协同型的教师课堂空间,形成线上线下相互融通，课前、课中、课后有机结合的师生互动型模式。新型教师与学生共同体，不但改变了教育过程中教师和学生两大主体的行为与交互方式，而且还在时间与空间的层面上重建了教育生态，同时具备平等性、交互性、动态性与创造性四大特点。教师主体紧紧围绕着学生学习这个中心任务，利用学生与教师的交往、沟通、信任、合作学习，促使教与学的目标达到统一，从而达成学生与教师共同进步、共同发展的总体目标。这样的新型师生学习共同体顺应了信息化发展趋势：一是可以通过信息化手段拓展学校教育资源，鼓励学生自主学习；二是可以增进教师和学生之间的联系与交流，增强学生的学习参与度；三是有助于锻炼学生的批判性思考能力，鼓励学生进行深度学习；四是有助于形成合理、可行的过程性学习评估制度，建立学习效果与质量评估体系。

线上线下混合式教学，其本质强调以学生为中心、以问题为导向，是学生自主学习和教师协同学习的自主教学模式（张萍、DING Lin、张文硕，2017）。传统课堂教学以教师讲授为主，而素养、知识、能力的培养迫切需要利用在线学习。混合式教学促进教师广泛开展探索型、个性化、活动型教育，将沉默单向的教学课堂变为碰撞思维、启发智能的交流现场。线上线下相结合的教学方法更为灵活多样，可以扩展课堂空间，突破传统课堂的时间与空间局限。在教学内容上，教师利用线上丰富的教学资源适时改进教学安排，网络在线学习延续了课堂学习行为，扩宽了学习内容的维度和广度。学习时间的灵活性和可自主支配性，可以充分调动学生参与课堂的积极性和主动性。

案例5－1 "'互联网＋'财务管理"课程混合式教学

财务管理课程教学在中国特色社会主义理论的指引下，运用社会主义核心价值观对学生的世界观、人生观、价值观等作出恰当的指导。该课程的混合式教学设计必须根据学生的学习特征，结合中国学生学情。在企业财务管理线下的教学中教师会突出学生的主体地位，以学生为中心调动学习兴趣，激发内在的学习动力，提高学生的创新能力，并通过基础知识的活动式学习和实训性课程内容的交互式学习，提高学生的专业技能和综合应用素质（杨俏文、陈雪欣、姚永红，2020）。在企业财务管理线上学习中，教师将课程相关视频资料、电子教案及实际公司案例上传至网络教学平台发布，使得学生可以即时获取知识，提高学生理论掌握水平；同时，教师可以通过线上可视化平台，进一步为学生提供线上实际操作的机会，提高学生专业实践能力。

（一）"互联网+"财务管理课程混合式教学设计

1. 教学资源设计

该课程通过将教师的教案、编写的习题集和案例库等学校自建资源，与校内企业合作共建资源相结合的方法，进行线上线下纵向一体化教育。在学校自建资源方面，课题组教师积极利用互联网的便捷条件，构建集课程总纲、进度表、教学活动软件、教学案例、习题集等于一体的课堂教学网络资源库，为学生创造了远程教学、自由探索和企业合作教学的良好条件。资源库中包括大量的教学案例资源、有关问题的背景资料，以及大量的课堂教学图表信息，充分调动了学生的学习兴趣，有效地保障了学生的学习效果。在校企共建教学资源方面，学校和教育公司共建了"互联网+会计专业教育一体"教学项目。在教学一体化课程平台中，已建有课程录像教育资源库、扩展教育资源库、实践活动资源库，其中主要包括教育微课视频、扩展阅读资料、教学案例资料和实验活动资源等，可以满足学生线上自主学习和线下活动型教育的需求。

2. 教学活动设计

在以往的课程设计中，学生以被动学习为主，但通过纵向一体化课程学习，大部分学生都可以变被动为主动。企业的财务管理实践和混合式教学设计可以实现线上线下内容的融合，在课前、课中、课后开展一系列纵向一体化课程。首先，在课程前期，教师使用教学一体化课程平台上传教学资源，包括设计作业、加学分项目、比赛项目等内容。其次，在课程中，教师开展线下资源重难点解析、案例剖析、小组讨论等教学活动，通过设置教学群发放任务让学员完成，及时了解学生的学习完成情况，确定本次的课程目标和内容。最后，教师在课后布置作业，并按照学生作业完成的实际状况来调整后续课程。财务管理的混合式教学活动设计，主要从以下三个方面展开。

（1）课前。主要以学生自习为主，教师布置线上任务，并让学生完成课程的微课练习、自测题等。这一环节的教学目标，主要是让学生基本掌握本课程的学习目标和重难点，教学一体化课程平台会对基本掌握状况作出过程性记录，从而得出过程性的评估结论。

（2）课中。主要运用 BOP-PPS 模式。该模式主要包括了六大教学环节,即导入式(Bridge-in)、目标(Outcome)、前测(Pre-test)、参与式学习(Participation)、后测(Post-test)和总结(Summary)。教师根据线上教学资源涵盖的重点对教学内容进行课前和课后的测评,以实现与线上教育资源的无缝衔接,同时也通过开展小组讨论、个案剖析等对拓展资源进行活动式教学。教师的重点工作是做好对教学效果的全面检查。这一环节的教学目标是实现学生对所学的知识点更深入的了解与掌握,而学生在讨论过程中的成绩也成为学校的过程性考评依据。

(3)课后。课后任务部分,重点体现为两个方面,一个是必做的,另一个则是选做的。针对必做的任务,教师会要求学生在线上完成资料搜集、笔记汇总,并需要学生及时完成并提交。其中,教师针对学习能力较好的学生,成立兴趣小组,进一步要求他们提供素材、创建范例,并在网站上进行提交,例如让案例分析小组将案例分析制作成教学视频并进行提交。这种设计的重点在于训练学生解决现实财务管理问题的能力,从而启发学生的创新意识,提高学生的实践能力。这一环节的教学记录也可以产生过程性评价,由教师直接记入学生的平时成绩。

(二)"互联网+"财务管理课程混合式教学成效

1. 教学目标明确,课程内容饱满

财务管理的教学团队一直秉持着"价值引导、能力培训、专业知识教学"三位一体的教育宗旨,在授课当中以学生为主体,提高学生的思辨能力。同时把学科思政引入专业课教学活动,将业务素养和思想文化素养同时作为学生培养目标,引导学生形成正确的人生价值观,把学生培育成德、智、体、美、劳全面发展的社会主义现代化建设者和接班人。

2. 教程设计新颖,价值引领的课程育人效果明显

通过导入前沿性的教学内容,设定具有挑战性的课程作业,增加教学的高阶性、创新性与挑战度。将教学目标的引领思想贯穿课程始终,在课前、课中、课后均设定相应的教学目标,增强了混合式教学的有效性。在课堂教学过程中,在掌握课前先导知识的基础上,教师应重视引导学生新旧知识衔接,对自学过程中遇到的重难点问题进一步阐述和延伸,引导学生在已有知识体系中进一步自我架构、扩展新的知识。财务管理教学团队主要采用"BOP-PPS"的教学方式,如前所述,教师采用课前在线练习、课中教学讲授和课程测验相结合的方式,培养学生的主观能动性,课后开展网上问答,利用讨论区进一步帮助学生完成重要知识点的积累,以提

高学生的学习效果。

案例5-2 "国际贸易实务"课程混合式教学

新文科背景下,通过"国际贸易实务"课程的混合式教学,学生不但能够掌握涉外经济和贸易的基本理论和实务知识,还可以把理论与实际结合起来。"国际贸易实务"课程的混合式教学方法注重训练学生的思维和实践能力,实现了学生综合素养的全面提升和多元化创新能力的养成(董本云,2021)。

(一)国际贸易实务混合式教学设计

1. 重构教学内容,加强课堂资源库的构建与使用

(1)整体重构课程。按照OBE的教学理念,从毕业要求出发逆向重构课程,适时吸纳国际贸易实务的最新研究成果,动态更新课程内容。同时根据国际贸易发展新规律、全球物流发展新态势、跨境电商等新型交易方法,对国际贸易实务的课程体系进行整体重构与再建,内容包括基本知识、应用练习、实务操练、综合提升四大模块。其中,应用练习、实务操练均由学生自主完成;综合提升则通过项目任务分配的形式由学生分组进行,通过组内协作探讨研究主题逐步提高学生发现问题、分析问题的能力,以及沟通协作能力。另外,本课程将秉承立德树人的根本任务,根据教学内容将专业知识和思想引领相结合,引导学生思索中国经济由传统外

贸大国向外贸强国转变的现实途径，以及增强国际贸易商务风险防范意识。

（2）建立课程资源库。借助学习通、云班课等网络教育平台，学校建立线上课程资源库，内容涵盖教案、教学计划、电子课件、基础知识点视频、课堂教学案例库、拓展资源库、作业库、试题库、活动资源库、教师交流专区等。并定时对课程资源库内容进行刷新，及时增补国际贸易热门课程，同时完善活动资源库，围绕以学习者为中心的教育理念，设计互动性强、学习者群体参与度高的课程。

2. 加强贯穿课前课中课后教学全过程的教学设计

（1）明确线上线下教学内容。线上布置基础知识自学任务，并采用投票、网络自测等方法，检测学生的自学成效。线下根据主要知识点设计课堂互动，开展学生小组讨论、头脑风暴、学生汇报讲座、课堂在线测试、教师小结与评价等一系列教学活动，并针对学生的掌握情况随时开展重点授课。

（2）课前课中课后教学全过程实施。课前布置学业任务（教学资源学习、课堂内容预习、讨论问题布置）→学情分析（明确要点介绍、培训教学内容）→课中讨论交流、能力培养→教师小结、评价→课后线上进行补充、完善教学作业→课后线上交流答疑→教师针对学员共同完成的教学作业、问题及情况进行反思→进一步完善教学。同时通过分组协作的形式布置课后作业，并对小组学员上交的教学作业进行多样化的考评，包括教师评价、学生自主评价、与同伴的网络共享等。教师设置线上线下的监控点，利用信息技术收集学员在线测试、电子选票等数据信息，获知学生的学情消息，课下动态跟进学生的学习效果，并随时进行教学反馈和改进，以保证学习质量的提高。

（二）"国际贸易实务"混合式教学的成效

1. 教学内容持续更新

落实立德树人的根本任务，把外贸从业人员的价值观纳入课程实践；重组以专业知识为主线设计的课程系统，创新课程的教学大纲，整体兼顾教学要求和就业岗位要求，以培养学生创新能力与社会价值为主线重构课程。

2. 提升深度学习能力

线上线下融合式的教学设计通过锻炼学生自主学习和深入思考的能力，引导学生有针对性地解决问题，锻炼学生的逻辑思维，使学生具有提出实际社会问题和处理复杂问题的能力。

3. 培养自主学习能力

多媒体与网络资源平台的出现给学生提供了具有

大量资源的知识库,学生得以利用互联网教学平台进行自主学习。因此,混合式教学中的网络教学可以大幅度提高学生的自主学习能力。

4. 培养团队协作意识

在"国际贸易实务"的混合式教学中,学生将采取小组协作的方式,通过小组汇报进行课程内容的实践与练习。这种形式的训练可以很好地培养他们的团体协作能力。

5. 培养批判性思维能力

在"国际贸易实务"的混合式教学中,小组项目提出的研究报告必须通过三方评价,包括教师评价、组内评价、组间评价,利用小组项目报告培养学生的创造意识与质疑精神,并以此鼓励学生形成批判性思维能力。

6. 提高现代信息技术的应用能力

在国际贸易实务的混合式教学中,学生必须熟练掌握现代技术方法,如熟练应用学习通App、腾讯文档系统等。同时,学生必须熟悉现代计算机技术,以满足新发展阶段对新文科高质量人才的需求。

7. 价值引领的课程育人效果明显

通过个案剖析培育学生的家国情怀与国际视野,从而促进学生专业思维的形成。学生的规范意识和团队意识得到增强，对社会主义核心价值观内容的认知将更加深刻；学生的企业法律规范和外贸合作国际规则意识得以增强；对中国制造、中国创新越来越自信，未来国际贸易工作者的职业精神与职业规范意识得到了培养。

第三节　以学生为中心、以产出为导向的教学设计覆盖教学全过程

在传统教学模式下，教师主要将学生作为知识灌输的对象，久而久之，学生就会完全适应这种灌输式的课堂。然而，由于学生往往只以消化、掌握教学内容和课堂上讲解的知识点为目的，没有大量的延伸阅读作为支撑，从而导致其在分析问题时缺少思考，思维与逻辑能力相对薄弱，实验能力和创新能力也难以提高。从根本上讲，这样单向的知识传递方式背离了人的认知规律。事实上，不通过感性认识，学生就不可能以学习主体的身份去自主建构知识。同时，由于课堂所传授的知识都是高度抽象和封闭的，学生也无法感受其中的含义与价值，所以即使学生看起来是在学习，而事实上其思维却一直处在单纯记忆知识的浅层状态，难以达到深入掌握的程度，从而无法为未来的发展奠定牢固的思想基石。

要改变中国传统的教育教学方法，就需要破除以

教师讲授为主的传统教学思想,并建立以学生为中心的现代教育理念。传统的教育模式是"教为教会、学为学会",而现代教学模式是"教为不教、学为会学"。前者是以教师为中心,后者是以学生为中心。因此,评估教师教学的标准并不是判定教师教得好不好,而是判定学生学得好不好。当前,新文科视野下的混合式教育主要是指以学生为中心、以产出为导向的课程设计。该设计的主要关注点是指导学生学什么、如何学、学到何种程度,以及如何实施学生评价等。

一 以学生为中心、以产出为导向的教学设计理念

以学生的学习和发展为中心,倡导教师在教学过程中以学生的学习体验和主体需求为中心,结合学生的身心发展阶段和个性化发展需要,提高教学效率和学习效果,这种以学生为中心的教学理念符合时代发展和高等院校育人要求。混合式教学模式正是以学生为中心的教学模式,重点关注学生的自身发展、自主学习和学习效果。

建构混合式教学模式必须体现以下理念:一是注重以学生为中心,突出以学生为主体,注重学生

素质的高水平增长。课程设计、教育技术、教师资源配置以及教育评估都要以学生为中心，充分考虑学生个体体验性学习、小组合作学习和社会性学习。二是强调教师与学生间的互动与沟通，注重高效课堂。以高效课堂为引导，启发学生的学习意志、兴趣与爱好，并确定教学目标。利用高质量的信息化教学平台，为学生提供充足的学习资料和海量知识，运用技术分析学生在读书过程中出现的问题和短板，并有效解决。三是重视学生之间的差异性。教师应当充分考虑学生个体的需求差异、兴趣差异、发展水平差异、学业能力差异等，为学生提供个性化、高品质的课程资源和课程指导服务。四是重视对学生创造力的培育。以先进科学知识的运用与创新为发展动力的现代市场经济，需要具有创造力的人力资本积累。五是鼓励社会化学习。从一定意义上来说，人的成长是一种社会化的过程。进入高质量教学阶段，由于资源共享与信息的传播，学生和教师、教学软件和课程系统之间的交互越来越强。因此，课程设置的各个环节只有与生活相衔接、与社会相衔接，才能在根源上培养学生的学习意识和社会意识。

混合式教学以学生为中心原则体现在教学的各

个环节。首先，线上教学资源可以反复观看播放，教师也可以通过课程分析数据对某些知识点进行重难点讲解和分析，很好地解决了线下教学不可重复和教师难获取学生知识掌握情况等问题。其次，完成线上教学任务后，学生将学习中产生的问题整理集中发给教师，使后续线下教学更有针对性，大大提高了学生线下学习的专注度。最后，线下教学与线上教学相辅相成。线上的知识推送和线下的知识共享、问题共解，使得学生能够更加全面地掌握所学知识。以学生喜闻乐见的形式进行教学，达到个性化教与学的目的，提高学生的积极性，提升教学效果和学习效率。

二 以学生为中心、以产出为导向的教学设计目标

以学生为中心、以产出为导向的教学设计，期望实现以下四大目标：一是具有鲜明的教育思想，重视学生的核心素质高水平发展，培育学生面对21世纪的关键能力与必备品质，这也是混合式教学模式创新的基石与出发点；二是充分利用丰富的信息技术、教学资源和课程平台以及课堂所能创造的环

境与活动，让课堂"有效果""有效率"并"有效益"；三是在课堂教学的过程中要开放思想，加强交流，让师生在情感上共振、思维上共鸣；四是重视各课程要求与各教学环节之间的融通，即多维的课程目标、高质量的课程、严谨的教学环节、和睦的师生关系，以及有益的课程评估方法等。

三 以学生为中心、以产出为导向的教学设计贯穿教学全过程

以学生为中心、以产出为导向的教学设计覆盖教学的各个环节，通过在课程不同阶段开展多种形式的专业思维训练，学生内在学习动机得以增强，自学习惯也逐渐形成，综合能力得以提升。与传统教学模式中只注重课堂教学的教学设计不同，以学生为中心、以产出为导向的教学设计深度融入全部课程内容，并全面覆盖课前、课中、课后三阶段混合式教学流程。

首先，在课前教学环节，教师可以借助翻转教学法（陆蔚，2018），将本节课程中的预习内容、知识点中的重难点，相应的录音录像、文档资料等上传到教学平台。学生需要完成预习内容，并把在预

习过程中提出的疑惑及遇到的问题，提交到云学习管理系统支撑的教学平台中。教师针对学生所提出的问题调整课程设计，进行备课。在备课过程中，教师运用思维导图工具理顺教学流程，厘清各个教学环节以及相互之间的联系，并根据学生在预习中所思考的问题，形成一套备课体系。

其次，在课中的教学活动环节，教师可运用各类相关素材，结合利用多屏幕和影音系统等教学资源，创造生动有趣的课堂情景，让学生主动感知情景，从而积极投入自主学习。教师在组织课堂的过程中，应协助学生整合知识点，关注课堂要点和课程重难点，并运用课堂情景工具指导学生积极主动地提问、讨论和解决问题。按照课程的要求组织好具体的教学任务，以分组协作的形式把具体的课程任务分配给不同小组。各小组学生利用不同的协作工具和互动工具，发挥主动式学习、探索式学习与合作式学习的作用，以归纳总结的形式呈现和分享各小组的学习成果。

最后，在课后教学环节，教师可依据学生的课前和课中学习成果，或根据学生的学习能力，运用学习软件设定分层作业，并要求学生及时完成作业以达到学之通、习之达。教师利用教学管理软件对学生作业的完成状况作出评估反馈，将课堂知识点加以总结升华，并把知识点的总结图片上传给学生，让学生加以巩固反思：哪些知识点自己已经学会，哪些还需进行复习巩固。同时教师也可通过智能实录系统记录下教学过程，对自己的授课流程、学生的复习过程等作出教学反思，有针对性地进行剖析与改进。

案例 5-3：新文科背景下"思政+Java"的混合式教学

教师可以从学生学习效果入手并根据混合式教学的特点，将传统线上教学和线下面授有机融合，组织课堂教学，制定新教学策略。同时，积极结合"学科思政"的"事、时、势"特点，建立由"基础知识+时势历史背景+业务实际+案例讨论"所构成的正交保护式立体知识架构，强调教学内容的广泛性和深度。并根据教学知识点和目标，对每个章节的课堂思政教学内容进行整合，从课程内容和教学流程两个方面，使以学生为中心、以产出为导向的课程设计涵盖教育全过程（马凤岐，2019）。

（一）以学生为中心、以产出为导向的混合式教学设计深度融入课程内容

新文科背景下"思政+Java"的混合式教学设

计融入课程内容如下（远俊红、林波，2019）。

课程内容1："Java概述"中的"思政+混合式"教学设计：（1）通过列举中国软件产业的成果（如网络、人工智能、大数据分析、虚拟现实等应用领域），培养学生的民族自信心和学术自信心。（2）通过讲述Java技能在软件行业中的实际使用情况培养学生的课程自信心。（3）通过分享计算机行业领袖人物的故事，培养学生的爱国热情。

课程内容2："Java语言基础"的"思政+混合式"教学设计：（1）通过对比"好"代码和"差"代码让学生更好地理解遵守编码标准的必要性，培养学员遵守行业规范的职业素养。（2）在教学"循环"时，紧密联系马克思主义哲学中"量变到质变"的哲理观念——循环迭代，即持续累积量变，最终实现问题的质变，进而引申到个人价值观——让学生知道在学业、工作和生活过程中要持之以恒，不断累积，从而明白人生由量变到质变升华的道理。（3）通过对比Java严格的语法标准和大到社会、国家，小到校园、班级和小组都有的标准和纪律，让学生更加深刻地认识到只有人人都遵守纪律和标准，社会、国家和校园才能有序地正常运转，班集体才能良好地发挥作用，小组才能更好地完成任务，实现小组成员的发展，从而彰显社会主义核心价值观——纪律意志。

课程内容3："面向对象基础"的"思政+混合式"教学设计：在教学"面向对象程序设计思想"时紧密联系思想哲学中的观念"总体与局部的关联"——大到社区，小到班级工作和组织都是总体，每个人都是总体中的一员，所有人都应该从整体利益出发思考问题，从而培育学生的全局意识。

课程内容4："面向对象高级特性"的"思政+混合式"教学设计：（1）在学习"传承"概念时，把党的行动纲领中的传承关系反映到面向对象的传承，并探讨人、学生、党员之间的传承关系，在明确Java编程中传承重要性的同时强化思政教学。（2）在学习"接口"概念时，通过阐述在Java中接口的重要性，说明规则是相互协作的基石，从而培育学生遵守规则的意识。

课程内容5："异常处理"的"思政+混合式"教学设计：通过介绍异常事件的前因后果，突出异常处理的必要性，引导学生对待学习一丝不苟、认真负责，认识到微小过失也可能导致严重的后果。

课程内容6："三级项目"的"思政+混合式"教学设计：（1）要求学生自主进行代码撰写，以防止学生拷贝他人的代码，做真诚守信用的人。（2）通过给每个学生布置一定的编码工作，培养学生的耐心与决心。（3）通过对每个学生所提交的项目提出较高的质量要求，培养学员精益求精的敬业精神。

在 Java 的教学课程中，主要教学内容有 Java 基本部分、Java 高级部分和 Java 课程设计部分内容（田新志、王振铎、张慧娥等，2021）。根据学校的教学特点，把思政元素融于专业教育过程中，而课堂教学组织形式上则采取"'对分易'+案例+项目"相结合的方法。在 Java 基础部分的课程，采取"对分易"的教学方式，从教师教学、学生内化与师生互动三个模块来组织课堂。在教师讲解模块中，教师对基础的问题和必要的知识点加以剖析，打牢学生的基础知识，并在课堂教育中加入思政元素，针对知识点内容设定相应的题目；学生内化模块则是由学生对教师提出的问题加以内化吸收，形成自己的观点；师生互动模块则是由教师与学生一起讨论问题，对知识点内容和所提问题进行广泛交流，以期学生能对知识点内容融会贯通。在 Java 高级课程部分，重点训练学生的初级软件学习能力，采取"案例+项目管理"的教学模式，以个案设计为切入点，指导学生掌握基本的知识点。在实施案例设计时，仔细思考不同知识点的交叉关联，使各个知识点的个案合理地连接到一起，最后构成一个整体的工程项目。

根据教学计划要求，学校应在Java课程教学完成后，安排约二十个学时的课程设计环节，在该环节中需要学生利用所学Java知识以项目组的形式，进行一项系统的设计工作。课程设计环节要求由具有公司实践经验的教师讲课，把公司实际工作和管理规定引入课堂教学，训练学生的工作能力以及协同合作能力，确保Java编程教学和劳动力市场的高效衔接。

"Java程序设计"课程的实践性很强，课程教学不能只停留在教学和应用的层次上，更要培养学生创新创业的意识和实验精神，鼓励学生学成后要多输出（郑朝霞、余琳，2020）。利用大作业来指导学生进行更多的自主思索，如自身在当前情况下能够为社会做哪些更有意义的事情。利用课堂完成后的大作业，给学生创造一个自由施展所学知识的舞台。利用大作业也是一种双向选择，既能够使用教师所给定的问题，又能够自行设计并完成一些与当前状况有关的问题，或者处理若干现实的社会生活问题。

学生利用大作业的实践机会提高并锻炼了自我，找到各自的优点与发展短板及其学习兴趣所在，同时也培养了自身的专业技术，为今后的科研开展与就业选择提供努力的方向。此外，部分学生也可以利用大作业，初步确定创业的实践方向，并在今后的学业中做较长期的准备，为日后就业增加一定的专业优势。

（二）以学生为中心、以产出为导向的混合式教学设计全面覆盖教学过程

新文科背景下"思政＋Java"的混合式教学设计覆盖教学过程如下（骆伟、周绍斌，2022）。

学生做好课前预习，教师做好课前准备：（1）提前安排学生网上预习课程，如学习相关课程的微课视频、下载相应的资源并完成相应的自测题，确定截止日期。（2）教师在截止日期之前，通过在线讨论区或QQ群为学员提供指导解答，在截止日期后通过网络教学系统收集学生的学习资料。

课堂教学中，教师及时总结反馈学生线上学习中的共性问题，对共性问题着重讲解，并安排学生开展深入探究和强化训练。在思政教育教学内容的设定中，以学生爱国情感、编程者奉献精神以及职业素养的导入为主线，避免教师生硬引导，使学生水到渠成地完成课程思政与素质教育的学习。(1) 学生可以利用在线网络平台进行课前测试，并根据学习效果以及测试结果作出评价与总结，分析分数偏高或者较低的原因，并对主要课程内容进行总结。(2) 在课堂提出引导性问题，帮助学生引入学习内容。分析该问题的解决思路，引出课程主要内容，并嵌入思政内容，在课程原理中自然加入思政含义。鼓励学生发表自己的见解，师生共同交流。(3) 引导学生进行代码的写作，并总结在编写过程中的注意事项。(4) 提出一个类似问题，让学生进行独立自主练习。学生通过分组讨论问题的形式提供解决方案，培养学生的团队协作能力。(5) 小组内学生互评、打分。把小组取得最高分的方案，分享给全体学生，并引入思政内容，如在讨论中，引导他们主动找出其他小组的亮点，从而学会取长补短。(6) 就课程内容提出一个更为深入的问题。让学生分组讨论问题的解决思路，以小组为单位完成程序的编码。(7) 小组间互相打分，并分享与交流。将获得最高分的成果分享给全体学生，并且派代表向大家讲解本组解决问题的思路和做法。在此过程中引入思政内容，如分享交流时，鼓励学生积极寻找其他小组的闪光点，体会集体合作的意义。(8) 归纳总结，并布置一定的课后作业。

课后学生独立完成作业，教师总结学生完成状况，并积极与学生沟通交流。（1）通过作业系统安排任务，得到学生完成状况的信息。教师在课后根据这一知识点设置作业项目时，将传统文化教育内容和课堂知识点相结合。（2）教师通过班级的网络讨论区（慕课平台、QQ群、微信群或者雨课堂等）反馈学生作业完成的真实状况，并回答学生所提出的疑问。

第四节 多元考核设计，突出过程评价

一 强化过程性考核

在教学绩效评估过程中，学校应重视对学生的学习过程监控。广泛收集学校、同行对课程教学对象、教学方法、课程结构等方面的看法与意见并进行持续改进（黄玉梅、陆红燕，2021），遵从创新教学模式，强化流程控制，严格考核评价，以进一步提高教学质量。在课程中彰显前沿性与时代感，并适时地将前沿研究成果导入课堂。创新考试方法，鼓励学生进行交叉学科的思维融合、跨学科能力融

合以及多专业项目实战融合。在期末考试中，可通过提高考查试卷中的主观题比重，在考查学生知识掌握水平的同时，也可以考查学生知识的实践应用能力。具体而言，首先，对过程性考试实施科学管理。应用移动教育平台进行学习资料和学习任务发布、作业提交及评估、教学答疑、调研问题、头脑风暴、交流问答、测评等，以实现对学习全流程的管控和教学过程考评的记录。其次，学习成绩考核方式多样化。学生课程的最终成绩可通过形式多样的项目作业、小论文、知识竞赛等方式进行综合测评，并且考试评分形式多样，如教师评分、学生自评、小组互评。最后，成绩按照"教学资源学习情况+学习表现+线上作业+学习成果考核"的结构决定。

例如，案例5-1中的考核评价设计：平时成绩占比40%，期末考核占比60%。其中，40%的平时成绩中：线上视频资源学习为5%，签到考勤为5%，线上作业（测试）总成绩为10%（包括习题作业、小组作业、单元测试等），线下作业为5%，还有15%为课堂讨论、小组讨论的成绩。案例分析视频、案例编写、财务分析报告撰写等作为项目进行加分，加分后总分以平时成绩的100分为限。

二 考核方式多样化，提高成绩评定的客观性

通过多元化多主体考评，评测学生是否达到"知识目标""能力目标""素质目标"等课程学习目标。多元化考评方法不同于过去的"一锤定音"式考试评估模式，而是融入了流程管控与行为管理。通过学生出勤率、上课听讲、发言和作业完成状况，考查学生的整体学习态度和积极性；通过小组讨论、演讲汇报、文献研究等情况来考查学生是否完成"能力目标"和"素质目标"；通过期中和期末测试考查学生对知识的掌握程度，以及分析和解决问题的能力，检验学生是否完成"知识目标"和"能力目标"。多主体评价包括小组互评和教师评价，平时成绩由小组互评和教师评价共同决定，使成绩评定更客观、全面和真实。在考核方式上，学生的成绩由课前预习测试、随堂测验、课中小组讨论和汇报、期终测试等多种形式组成，并且学生可以对教学资源、教学环节、个性化体验等方面进行评估，系统可以及时地向教师反馈，便于教师掌握学生学习情况，并根据教学反馈及时调整教学方案。

混合式教学实行流程化与针对性结合、形成性评价与成绩性评价结合的多元化绩效评估体系（成蕴秀等，2021）。第一，流程化和针对化结合。学校学生学习网上视频资料，生成网络后台记录资料并据此计算学生的课程成绩；上课过程中，学生参与讨论、回答问题等表现计入课堂成绩。教师根据学生个人表现灵活地调整成绩，如学生主动解答问题，可以获得更高的平时成绩；如果学生在案例分享中表现得非常出色，也能够给予学生相应的平时成绩加分。第二，形成性评价和成绩性评价相结合。在混合式教学下，在分组协作完成学习任务中根据个人工作量按比例加入学生个人的平均分数，学生在课程平台上的学习数据成为评分的重要因素，学生在课堂上的自主学习、完成实验的项目是评分的重点内容。

案例 5-4：新文科背景下高等院校英语混合式教学的多元评价

高等院校如何更加尊重学生英语语言习得的认知规律和个性特点，推进高等院校英语教育的内涵式发展，实施诊断性评价是新文科背景下高等院校英语混合式教学成功与否的关键。高等院校采取的混合式教学积极探索多元化新型评价策略，扩大师生评价主体，实施全过程评价，拓宽了英语评价内容，突出了多元技能要素，最大限度地发挥了多元评价体系的功能，从而保障了高等院校英语教学取得更好的效果（刘佳佳，2022）。

（一）拓宽评价内容，实现测试标准多元化

高等院校英语混合式教学要实现评价的多元化，必须拓宽评价内容，实现测试标准的多元化。要深刻认识到高等院校英语教学不仅包括词汇、语法，还包括听说等交际实践。与之相对应，教学评价内容也要进行拓宽，在形式上可以采取网络评价和小组评价等方式。例如，英语教师可以对学生每个单元的学习进行跟进式评价，学生收集学习资料和研究文献、参与小组讨论和会话交流实践中的个人表现等，都可以包括到跟进式评价的内容中。与此同时，教师还可以引导学生建立个人学习档案，在学习每个单元时，记录个人的学习计划、学习心得、教师评价和学习成果等内容，完整包含学习的全过程、全内容，为实现多元化测试提供依据。在总结性评价中，首先要对学生每个单元英语混合式学习的成效进行评价，检测学生对章节主题的深刻理解；其次，还要考查学生英语语言运用的熟练程度，包括词汇语法的准确应用、语境的契合性及语言发展

衔接的流畅性等方面；最后，要对学生英语沟通能力和英语知识应用能力进行评价。高等院校应结合学生的实际情况制定有针对性的、多层次的测试标准，最终实现测试标准的多元化。

（二）突出评价的层次性，促进评价发挥综合效果

高等院校英语混合式教学的一个显著特点在于学生主体性得到充分发挥，为了促进每位学生最大限度地发挥主观能动性，英语教师要依据学生的不同情况因材施教。相应地，对每位学生的评价也要因人而异。为此，高等院校对英语混合式教学的评价也要设置适合学生实际的评价标准，突出评价的层次性和个性化，发挥综合评价的促进作用。例如，英语教师可以借助混合式教学模式下的互联网信息技术，对每位学生平时的英语学习表现进行汇总，建立动态数据库。另外，教师应注重平时考查，特别要重视学生在小组合作学习中的表现，为实现综合评价提供依据。

（三）实施全过程评价，提升评价的科学性与合理性

为进一步增强课程评价的科学性和合理性，学校英语混合式课堂要利用教育信息化技术，建设包含学生英语学习全过程的信息库，存储学生线上线

下学习过程以及英语会话表现情况等内容。事实上，自主学习是学生在高等院校英语混合式学习中的主要方式，实施有效的全过程评价必须依靠学生的自主评价。因此，教师要引导学生确定好自己的学习目标和学习策略，监测他们的英语学习状况与成效，并在此基础上进行自主反思和调整。具体而言，首先，学生无论在线上还是线下学习中，都要做好自我控制和学习安排，这是保证自我评价科学性的关键所在。其次，为保证学生自我评价的合理性，英语教师要对学生的自主学习过程与成果进行适时监督，引导学生真正做到时刻自省，切切实实将自我评价落实到位，只有这样才能真正实现全过程评价。

（四）扩大师生评价主体，充分发挥评价的激励作用

为了充分发挥教学评价的激励作用，高等院校还要进一步扩大评价主体，形成教师评价和朋辈评价相结合的方式，从而构建多元化的高等院校英语混合式教学评价体系。第一，高等院校要在英语混合式教学评价中推动教师评价与朋辈评价同向同行，教师评价应侧重从学生英语语言运用的专业性出发，朋辈评价应从同伴在合作学习中的实际表现与贡献出发，这两种评价方式要在线上线下的教学评价中

互为依托。同时，英语教师需要根据班级实际状况提出若干原则性要求，以便在学校开展朋辈评价时加以比较借鉴，最大限度地确保评价的公平、真实，从而发挥评价的激励作用，最终调动学生更强的学习积极性。第二，高等院校英语教师要引导学生组建英语评价小组。为了保证小组成员合作的协调性，教师要详细了解每位学生英语语言的掌握情况，根据学生的英语学习水平进行合理分组。同时，教师还要引导学生虚心听取他人意见，积极改进自身在英语学习中存在的问题。

第六章　高校混合式教学模式的实施困境

近年来，混合式教学改革在中国高校如火如荼地开展。相关政策对于智能化教学的大力支持推动了混合式教学不断进步。社会各界广泛认同未来教育优化的新常态这一理念（冯晓英、王瑞雪、吴怡君，2018）。然而，混合式教学改革仍然面临一些困境：混合式教学目标的理解存在偏差，混合式教学流于形式；混合式教学内容缺乏系统分析，影响学习效果与兴趣；混合式教学方法单一，有待持续更新；混合式教学的过程评价不够丰富，尚未能科学地评价教学效果。

第一节　混合式教学目标的理解存在偏差，混合式教学流于形式

一　学校管理者对混合式教学目标的理解浅表化

学校管理者对混合式教学目标的理解若仅停留于表面，不仅会限制混合式教学潜力的充分挖掘，还会影响其在教育实践中的有效实施与持续优化。混合式教学作为一种融合了线上自主学习与线下互动教学的创新模式，其核心价值在于通过技术的力量促进教学模式的变革，提升教学质量，实现个性化学习与深度学习。然而，当前学校管理层在推动混合式教学时对混合式教学目标的理解过于表面，具体表现在以下三个方面。

第一，认知深度不足。学校管理者往往将混合式教学视为一种教学形式的简单叠加，即"线上+线下"的结合，而忽视了其背后深层次的教学理念与方法的革新。他们未能深刻理解混合式教学如何通过精准的教学设计、灵活的学习路径、丰富的互动方式以及多维度的学习评价，来激发学生的学习

兴趣、培养自主学习能力、促进深度思考与批判性思维。这种表面化的理解导致混合式教学目标设定的单一化，往往仅仅关注知识传授的效率，而忽视学生全面发展与能力培养的重要性。

第二，政策支持与工作量量化标准的缺失。由于认知上的不足，学校管理者在制定相关政策时往往缺乏针对性和前瞻性。一方面，缺乏明确的政策引导，使得教师在实施混合式教学时缺乏方向感和归属感，难以获得足够的支持与激励；另一方面，缺乏合理的量化标准，导致教师投入大量时间和精力进行混合式教学的设计与实施，却得不到应有的认可与回报，从而影响了他们的积极性和持久性。这种现状不仅阻碍混合式教学的推广与应用，也损害教师队伍的士气与稳定性（邓伟刚、孙杨，2024）。

第三，网络硬件环境配置不足。混合式教学对学校的网络硬件环境提出了更高的要求。然而，许多学校在建设网络基础设施时未能充分考虑混合式教学的需求，导致网络带宽不足、稳定性差、覆盖范围有限等问题频发。这不仅影响了线上学习的流畅性和用户体验，也限制了线上资源的丰富度和多样性。同时，线上资源存储空间的不足也制约了教学资源的更新与共享，使得混合式教学的优势难以充分发挥。

二 部分教师对混合式教学目标的理解存在误区

混合式教学就是要把传统学习方式的优势和 E-learning（数字化或网络化学习）的优势结合起来。也就是说，混合式教学既要发挥教师引导、启发、监控教学过程的主导作用，又要充分体现学生作为学习过程主体的主动性、积极性与创造性（何克抗，2004）。在混合式教学中有两条教学路径，即"线上"和"线下"。教材编写团队对四所院校师生的访谈发现，一些教师对于混合式教学模式的了解仍然有限。虽然有些教师接受了简单的培训，但他们对于混合式教学的理解仅仅停留在线上线下相结合的层面，认为在一门课程的教学中只要有"线上"和"线下"两个部分就属于混合式教学。

这种理解会导致两个误区：一种观点认为，在一门课程的整个教学过程中，只要有部分章节的内容是线上教学，其他章节的内容是线下教学，就属于混合式教学。另一种观点认为，在一门课程的教学中，只要为学生提供用于自学的线上资源，线下课堂上仍然按照原有的教学安排进行授课，就属于混合式教学。若这样理解，各学科的课程只要有类似慕课的教学资源，就属于混合式教学。然而，虽然从形式来说，混合式教学的形式确实包含而且必须包含"线上"和"线下"两个部分，但并不是二者的简单相加（徐芹，2022）。混合式教学的核心在于利用"线上"优化传统的"线下"，在将"线上"与"线下"有机融合的过程中，实现教学空间上的混合、教学时间上的混合、教学方式上的混合及教学评价上的混合，从而有效提升学生学习的广度和深度，并强化学生自主学习的能力（张锦、杜尚荣，2020）。进一步说，混合式教学中"线上"与"线下"两个部分是相辅相成的，有了"线上"的教与学，学生在"线下"的学才更有目的性，教师在"线下"的教也才更有针对性。二者的有机融合，是同一个教学过程的两个不同方面，而不是相互独立的两个教学过程。因此，仅在一段时间采用线上教学，在另一段时间采用线下教学的方式，就不完全属于混合式教学。同样地，如果该课程方式本身并没有混合式教学设计，只是单纯地在网上讲授本该在教室里采用传统上课模式讲授的内容，也不属于混合式教学。

三　学生对混合式教学的适应性不强

一方面，部分大学生对混合式教学的热情不高，他们已经适应了传统的教学模式。大多数学生表示混合式教学对于提高自身知识的帮助不大，因此在主观上对混合式教学的重视度不够，不愿意主动配合。根据教材编写团队对四所院校师生的访谈，我们发现以下问题：现有教科书大多数理论性较强，比较适合传统式教学模式，此类教材很难满足混合式教学的需要。学生对于混合式教学模式，做不到融会贯通，也就提不起学习兴趣。

另一方面，不同类型的学生对学习方式的需求不同，要根据学生条件来判断是否需要开展混合式教学。混合式教学需要师生的共同配合，教师在混合式教学实施前要做大量的准备工作，如课前准备、课中引导、课后反馈监督等。教师在备课阶段需要收集、整理、挑选合适的学习资源，课堂上需要因人而异选择不同方式对学生进行指导，课后还要收集处理学生提供的反馈信息。同样学生要花时间和精力配合教师。对于正在准备考研或找工作的大三、大四学生，他们的学习精力有限，如果大部分课程都进行混合式教学，他们就无法完全配合。部分学生正处于大三下学期，准备研究生入学考试。对于这些学生来说，如果其中几门课程采用线上线下相结合的混合式教学模式，如慕课和翻转课堂，他们可能会接受。然而，如果全部课程都采用混合式教学，学生的时间会不够用，精力也会比较分散，难以集中精力准备考研。被访谈学生李某说："目前，我处于大四上学期，正在为考研和找工作做准备，看书做题，做简历、应聘，每天忙得不可开交，还要适应多门课程的混合式教学，这种状态非常不好，我自己倒希望高年级的一些课可以适当采用传统的教学方式，大一、大二和大三时，教师上课时采用以互联网为技术支持的混合式教学模式。"这既表明原本的教学资源的转型，又象征着一种全新教学观念的形成与延伸。就混合式学习而言，倘若学生自身不改变自己传统的学习观念，不主动尝试探索混合式学习模式，其余各方的付出就会白费。在与教师的谈话中，我们意识到有些学生在独立学习网络课程时缺乏积极性与自觉性。与线下课堂教学相比，线上学习过程中对于学生没有有力的监督措施，一些学生缺乏自觉性，故而总体学习效率较低，作业的质量也得不到保证。

因此，应当发挥教师的监督作用，在课前就检查学生的线上学习记录，促使学生完成课前的线上学习。在这个阶段，任课教师能够依据不同学生的学习情况，将他们分为不同的级别，继而根据不同的级别给予更有效的学习指导。被访谈教师丁某提出："在经过这个学期的教学以后，我深谙因材施教的重要性与必要性。令人遗憾的是，部分学生未能领悟其中优势，反而认为他们被分为三六九等，一些学生感到被忽视，对此出现抵触情绪而不能全身心学习。"毋庸置疑，只有学生正确认识混合式教学模式与教学方式，才能真正接受混合式教学（赵慧臣、彭梦甜，2022）。被访谈教师许某提出："我认为我们应该更加关注不同年级学生对混合式教学的接受程度，并与那些不太愿意实施混合式教学的学生进行一对一的交流。通过这样的交流，我能够了解那些不太愿意配合实施混合式教学的学生的具体原因，并由此总结出混合式教学中存在的问题，从而对混合式教学存在的问题进行改进，使我们的课堂变得更加有效果。"根据教材编写团队对四所院校师生的访谈，我们发现：教师对混合式教学进行试点时，根据数据的反馈，前来听课的学生人数可观，但是随着时间的推移，听课的学生越来越少。为了挽救颓势，教师越发努力地创新他们的课程内容，改进他们的教学方法，可是收效甚微，听课的学生数量仍在持续下降。探究其原因，学生大多数还是不太习惯这种教学模式。

第二节　混合式教学内容缺乏系统分析，影响学习效果与兴趣

一　课程性质差异性较大，无法完全适应混合式教学

高校不同类型的课程设置差异较大，有公共课程、专业基础课程、专业核心课程等，这些不同类型的课程未必都适合混合式教学。对于"微积分""概率论"和"线性代数"等偏计算和推导的课程，任课教师倘若只是让学生观看视频来学习，则效果一定不尽如人意。根据教材编写团队对四所院校师生的访谈，我们发现以下问题：高校经管类"微积分"课程的专业性相对较强，一般是连续开设两个学期，如果上课方式是大部分时间学生都在观看慕

课，没有充分的互动，有些知识点感到困惑时也不能得到及时的解答，那么学习效果就会很差。尤其是部分同学感觉长时间学习比较枯燥，干脆把手机放在一旁边听边干其他的事情，精力不够集中，导致学习效果不佳。"现代控制系统"课程专业性比较强，并且是大三学习的专业知识课程，相对来说是比较枯燥的，某些内容放在网络上让学生自己看，大家的兴趣不高，也不能充分理解。而"大学生就业指导"和"法学导论与学业规划"等大一的基础理论课程，采用线上线下相结合等多种形式进行教学，既可以丰富课程内容、开拓学生的视野、增强师生互动性，又可以提高学生学习兴趣及课堂教学效果。教师应在"大学生就业指导"等课程中引入相应的社会案例进行场景演出，并安排学生多采用线上观看的方式进行学习，这样既能增加师生互动性，学生还会感兴趣，课堂效果比较好。被访谈学生周某表示："在'法学导论与学业规划'课程的教学中，我们以在线观看的方式学习法律体系以及与法律相关的典故。这种学习方式为我们提供了具有指导意义的案例，激发了我们对法学的浓厚兴趣。"因此，判断混合式教学的必要性、可行性和实施方式需要根据不同的课程性质进行综合分析。

二 教学资源利用效果较差

在教学资源日益丰富的大数据时代,高校混合式教学面临的挑战愈发复杂而深刻。资源选择的盲目性和主观性,如同"双刃剑",既为教学提供了无限可能,也埋下了潜在的风险。教师们如同置身于信息的海洋,每一滴水珠都可能是宝贵的教学资源,但同时也是分散注意力、消耗精力的源泉。在信息过载的背景下,教师们往往不自觉地陷入一种"资源采集狂"的陷阱,试图将一切看似有用的资源都纳入囊中,却忽视了资源的针对性和有效性。他们可能基于个人的教学习惯、学术兴趣或是对新技术的热衷,而非学生的真实学习需求和反馈,来选择和整合教学资源。这种选择方式导致的结果是,课堂教学虽然看似内容丰富,实则缺乏逻辑性和连贯性,学生难以从中构建起完整的知识体系,更无法体验到深度学习的乐趣。

此外,在线课程作为混合式教学的重要组成部分,其质量参差不齐的问题更加凸显了教学资源利用效果的不佳。由于缺乏统一的制作标准和质量控制机制,一些在线课程在制作过程中存在诸多问题,如内容设计不合理、教学方法单一、互动环节缺失等。这些问题直接导致在线课程难以吸引学生的注意力，激发他们的学习兴趣，也无法满足学生多样化的学习需求。学生在这样的课程中往往感到枯燥乏味，甚至产生厌学情绪，进而影响到混合式教学的整体效果（王晓川、邓英、陈逸菲，2023）。

三 教学内容与学生学习规律的契合度不高

在混合式教学的实践中，确保教学内容与学生学习规律的契合度至关重要，然而，当前一个显著的问题在于线上线下融合的不足以及教学内容缺乏针对性（王照生，2022）。首先，线上线下融合不足的问题严重制约了混合式教学效果的充分发挥。混合式教学的核心理念在于通过线上平台的灵活性与线下课堂的互动性相互补充，共同促进学生深度学习。然而，部分教师在实施过程中，往往将线上和线下课程视为两个独立的部分，未能实现有效的融合。线上课程可能仅仅被用作知识传授的工具，而线下课堂则缺乏对学生线上学习情况的反馈和深化。这种分离的教学方式忽视了学生的学习连续性和整体性，导致学生在两个学习环境中难以形成有效的学习闭环，进而影响学习效果。其次，教学内容缺乏针对性也是亟待解决的问题。每个学生的学习背景、兴趣点和学习风格都各不相同，因此，教学内容的设计应当充分考虑学生的个体差异和实际需求。然而，在实际教学中，部分教师可能过于依赖教材或教学大纲，忽视了对学生实际情况的深入了解和分析，导致教学内容缺乏针对性和实效性。

这种"一刀切"的教学方式难以激发学生的学习兴趣和积极性，也无法满足他们多样化的学习需求。长此以往，不仅会影响学生的学习效果，还可能导致他们对课程产生厌倦情绪。为了解决这些问题，高校和教师应当采取一系列措施。一方面，加强线上线下课程的有机融合，通过精心设计的教学环节和互动活动，将线上学习和线下学习紧密连接起来，形成一个完整的学习生态系统。另一方面，注重教学内容的针对性和实效性，通过问卷调查、个别访谈等方式了解学生的实际情况和需求，根据反馈结果调整和优化教学内容，使其更加贴近学生的学习规律和特点。同时，鼓励教师采用多样化的教学方法和手段，激发学生的学习兴趣和创造力，提高他们的学习动力和参与度。

四　教学内容更新不及时与实践教学内容不足

在快速发展的知识经济时代，教学内容的更新速度对于高等教育的质量至关重要。然而，目前高校中存在的一个显著问题是教材与教学内容滞后，以及实践教学内容的不足，这两个问题共同限制了学生的学习效果与成长潜力（王晓烨、孙晓文、怀率恒、刘安良，2024）。

首先，教材与教学内容存在滞后性。随着科技的飞速进步和学科研究的不断深入，新知识、新技术和新理论层出不穷。然而，部分高校的教材和教学内容更新速度却远远跟不上这一步伐。这导致学生在学习过程中接触到的往往是已经过时或即将被淘汰的知识，无法及时了解和掌握学科前沿动态和最新研究成果。这种滞后性不仅限制了学生的视野和知识面，也影响了他们未来在职业生涯中的竞争力和创新能力。为了解决这一问题，高校应当加强与学术界的联系，定期评估并更新教材和教学内容，确保其与学科发展保持同步。

其次，实践教学内容不足。混合式教学作为一种新兴的教学模式，强调理论知识与实践操作的紧密结合。然而，在实际操作中，部分高校却忽视了实践教学的重要性，导致实践教学内容相对匮乏。这主要体现在以下几个方面：一是实践教学资源不足，如实验设备、实训基地等硬件设施缺乏；二是实践教学课程设置不合理、课时安排不足，难以保证学生有足够的实践机会；三是实践教学师资力量薄弱，部分教师缺乏实践经验和教学技巧，无法有效指导学生的实践活动。这些问题的存在使得学生的实践能力无法得到充分锻炼和提升，也限制了他们的创新精神和综合素质的培养。

因此，高校应当加大对实践教学的投入力度，完善实践教学体系，为学生提供更多、更好的实践机会和平台。鉴于此，为了提升教学质量和效果，高校应当积极采取措施加以解决，确保教学内容与时俱进、实践教学丰富多彩。

第三节　混合式教学方法缺乏多样性，有待持续更新

混合式教学结合了传统教学和线上教学的优势，教学地点不再局限于线下课程中，相应地，教学方法也不能停留在传统的板书教学上。然而，部分高

校教师的教学方法依旧沿用旧习惯，无法适应混合式教学模式，主要体现在以下几个方面。

一 部分教师教学手段单一化

部分教师习惯传统的教学手段，最常用的教学手段为"粉笔+黑板+书本"。他们认为这种教学手段简单明了、易于灌输知识，忽略了对现代化信息手段的运用。还有部分教师习惯固定化的现代网络教学模式，他们最常用的两种教学模式为慕课和翻转课堂。互联网催生了慕课和翻转课堂教学模式，它们拥有各自的优缺点。慕课是"互联网+教育"的产物，大规模在线开放课程是一种新型的线上课程模式，慕课的关键优势在于其开放性，慕课的受众面广，便于共享课程资源。这种教学模式的运用在某种程度上实现了教育资源的平等分配，来自不同地区的各个层次的学生能够依照自己的需求不受时间和空间的限制选择适合自己的线上教学资源。但是，要想在慕课的线上学习中真正取得成效，学生就需要自主完成对知识的理解、分析、运用等有效内化过程，否则慕课学习就无法取得让人满意的效果。

翻转课堂是对课堂内外的时间进行重新安排,将学习的力量从教师转移到学生身上。与传统课堂不同,学生利用网络资源在课堂之外完成知识学习,而课堂则成为师生进行答疑、应用知识等研究性互动的场所,从而达到更好的教育效果。翻转课堂改变了教师在授课中的角色、优化了课程教学方式与管理方式,可谓是对过去传统教育模式的完全颠覆。但是翻转课堂的实施不可避免地需要满足一定的前提条件,它在教学安排上受到学科特征、师生群体素质的影响,对任课人员教学水平要求过高,同时对学生学习自主性和主动性要求也很高,因此,它的实践教学困难也较大。翻转课堂实施过程中,任课教师一般而言都在教室中来回穿梭,从而为不同学生提供指导,而教师个人的精力与课堂时间是有限的。在这样的情况下,任课教师面对的难题就是判断学生是否需要教师的指导以及选择提供指导的合适时机。在翻转课堂里,教师要具备一定的判断能力,判断一位学生是否需要指导,判断其是否做好了进行下一阶段学习的准备,等等。没有简单的方法可以确定哪些学生需要更多的帮助,因为每天甚至每时每刻情况都在不断发生变化,这也就是教学艺术的一部分,课堂的节奏是最难把握的,但是教师必须用心管理好课堂（乔纳森·伯格曼、亚伦·萨姆斯，2018）。

二　线上与线下学习的融合度不足

部分教师简单地将混合式教学理解为"线上学习+线下学习"，错误地认为学生完成了线上学习和相应的测试，再加上线下教师对知识点进行深入阐述就算是混合式教学了。实际上，在线上学习和线下教学之间缺乏过渡性的安排，而且二者的使用也缺乏整体性。对于线上教学而言，部分教师因为对学生的自律过于信任而缺乏有力监督，出现部分学生应付学习的现象，降低了学生的学习效率。同时，对于学生在网络学习中产生的疑惑，部分教师未能及时答疑解惑，网络平台失去了师生沟通效用，仿佛只是学生的单向学习渠道，不能体现线上平台的资源共享性与互动性。

此外，部分教师对网络教学工具的了解不够深入，尚未发挥其全部作用，部分教师在课堂教学全程中没有借助网络教学工具，未能发挥数字化教学工具强大的辅助作用（慎玲，2021）。以在线学习为基础对课堂教学进行改进是混合式教学改革的关键。然而，部分教育工作者浅显地将网络学习资源视为其课堂教学内容以外的补充，在线下的教学中依旧使用传统的教学模式，一方面缺乏与网络教学模块的互动反馈，另一方面未能将线上学习与线下课堂良好融合与互相促进。如此，线上线下两个部分的教学就被割裂为几乎毫不相关的两个部分，混合式教学模式的益处无法显现，混合式教学改革流于形式（罗茜，2018）。根据本教材编写团队对四所院校师生的访谈，发现以下问题：部分专业课教师在实现线上和线下教学的有机结合方面存在困难。缺乏教师的监督和引导，再加上学生学习积极性不高，只是应付线上学习课程，导致教学效果不够理想。而线上教学本身效果有限，也增加了教师在课堂教学中的难度，同时也影响了学生的学习效果。

三　部分教师"信息化"平台运用能力不强

在中国，混合式教学模式起步较晚，但发展较快。教育部于 2018 年出台了《教育信息化 2.0 行动计划》，以期进一步促进教育现代化以及向教育强国的目标迈进，这个计划提出要进一步结合教育与技术，加强教学方面的数字化程度，凭借新兴技术改变传统的课堂教学模式，优化传统的教学供给渠道，激励学校教育模式的改革创新。近几年，教育部明确强调高校需要主动建立线上学习资源，在实践中发展与运用混合式教学，此乃进一步提高中国高校人才培养质量的有力举措。教师实施混合式教学时，网络资源是关键的组成部分。然而根据相关研究，部分国内高校尤其是普通高校对于混合式教学管理平台运用能力管理不强，随着人工智能、云计算、大数据分析等诸多前沿技术的运用，人们的教育理念与学习模式发生了改变，人们进行学习的方式与途径越来越多样化、便捷化。然而，信息化教学管理平台在部分高校的应用存在以下问题。

第一，部分教师使用移动教学平台不够熟练。教师外出培训较少，部分教师不善于利用信息化教学管理平台，信息化课程资源的作用发挥不够。部分教师年龄比较大，不善于运用信息化的教学手段，对"学习通""雨课堂"等一概不通，他们更习惯传统的教学模式，课堂主要以教师为中心，而以学生为中心的教学活动较少。教学设计内容不够丰富、教学模式不能激发学生的学习热情，导致学生学习效果欠佳。第二，高校教师在运用信息化管理平台开发建设课程时，不够重视学科融合，授课内容单一枯燥，讲课方式不够生动，还会出现教学内容脱离社会实际的情况，在课程实施过程与课后维护方面都出现不少尚待解决的难题。

四 教学工具的运用缺乏系统性

教师在混合式教学过程中运用的现代化工具较多，在具体课程建设中未能很好地进行混合式教学的认识、学习、理解和运用，使得学生接受效果欠佳。现在几乎所有课程教师都采用混合式教学，上课时学生就要用手机打卡、签到，在线上抢答、做测试等。我们认为有些教师不能在没有真正理解混合式教学的情况下，盲目地开始使用这种教学模式。因此，我们希望高校能够形成自己的混合式教学模式，并根据实际情况合理安排教师的教学任务。这样可以确保混合式教学的有效使用，并让学生受益。同时，在混合式教学不断发展完善的过程中，不可强制性地要求一步到位，而是应当制定阶段性目标，一步步地弥补不足、逐渐优化。

五　线上线下融通教学环境缺失

随着教育技术的飞速发展，线上线下融通的教学模式已成为高校教学改革的重要方向。然而，当前许多高校在这一教学环境的构建上仍面临诸多挑战，这不仅限制了教师信息化教学能力的提升，也阻碍了高校整体教学质量的提升和创新。高校线上线下融通的教学环境主要包括两方面：信息化硬件和软件（李佳佳，2021）。首先，高校在信息化硬件方面存在不足。这是制约线上线下融通教学环境构建的首要因素。部分高校由于观念滞后或资金短缺，对信息化教学设施的建设投入不足，导致硬件配置无法满足教学需求。例如，教室内的多媒体设备老化、性能低下，无法支持高清视频播放和实时互动；校园无线网络覆盖不全、速度缓慢，影响师生在线学习的流畅性和效率。这些问题直接制约教师对在线课程资源的充分应用，使得他们难以利用现代信息技术手段来丰富教学内容、创新教学方法。此外，硬件不足还间接影响教师的信息化教学能力提升。由于缺乏必要的硬件支持，教师在尝试应用新技术、新工具时往往遇到诸多困难，这不仅会消磨他们的积极性和创造力，还可能让他们对新技术产生畏惧和抵触情绪。长此以往，教师的信息化教学能力难以得到有效提升，进而影响到整个教学团队的教学水平和创新能力。

其次，高校的信息化软件较为匮乏。除了硬件外，软件的匮乏也是制约线上线下融通教学环境构建的重要因素。许多高校在软件的建设上同样存在不足，缺乏支持线上教学的专业软件和平台。这使得教师在制作在线课程、组织线上教学活动时缺乏必要的工具和支持，难以实现教学过程的优化和教学效果的提升。此外，高校资源库的建设也普遍存在问题。虽然部分学校建立了自己的资源库，但里面的课程资源往往不全面、不完善，难以满足师生的多样化需求。特别是对于一些专业性较强的课程，由于资源稀缺、制作难度大等，往往难以在资源库中找到相应的在线课程。这不仅限制了学生的选择和学习效果，也制约了教师利用在线课程资源进行教学改革和创新的能力。

六 教学平台功能不全，且无法完全满足教师与学生不同的需求

信息化时代网络平台形式多样化，不同的平台

存在各自的优势与劣势，为了课程的完备，教师通常会选择多个网络平台实施线上教学。如此一来，教师和学生都不得不下载多个程序并注册对应的账户，在需要不同的学习功能时选择使用不同的平台。这样的学习方式不仅麻烦耗时，而且对于师生而言也是一种压力，容易导致焦虑情绪。此外，某校师生普遍反映，网络学习平台的考试功能对于使用者而言非常不友好。例如：作答内容根本离不开公式，理工科的考试却不能输入公式也不能画图作答，故而学生只能采取线下答题后拍照上传系统的方式，然而考试时又无法上传图片。如此，平台提供的线上考试根本无法取得实际应该得到的效果，只是走个过场。某校师生均表示希望建立一个网络稳定、功能完善、操作人性化的网络教学平台，既给师生良好的使用体验，又便于使用者上传分享与下载各类线上资源，获取与处理各类相关数据。

七 信息化服务及保障机制不全

在混合式教学的推广与实施过程中，信息化服务及保障机制的完善程度直接影响教学质量与教师能力的提升。当前，这一领域存在两大主要问题。

第一，教师信息技术应用能力的培训机制不健全。许多学校对教师信息技术应用能力的培训重视不足，缺乏系统性的培训计划和制度保障。这导致教师难以获得必要的技术支持和指导，无法充分掌握和利用现代信息技术手段来优化教学过程。即便有少数学校开展了相关培训，但往往存在培训次数少、内容不全面、效果不理想等问题。教师在面对复杂的在线课程制作和线上教学操作时，常常感到力不从心，缺乏有效的解决途径和咨询对象。此外，教师的工作负担重、空闲时间少也是制约其信息技术应用能力提升的重要因素。制作高质量的在线课程需要投入大量的时间和精力，而教师往往需要在完成繁重的教学任务之余，才能挤出时间进行学习和实践。在这种情况下，教师很难有充足的时间去深入研究和学习新的信息技术，从而导致其应用能力滞后于技术的发展。第二，缺乏鼓励教师应用在线课程资源的相关措施。高校在推动混合式教学时，往往停留在政策层面的倡导，而缺乏具体的实施措施和激励机制。这导致部分教师对在线课程资源的应用缺乏积极性和动力，甚至存在抵触情绪。他们认为，传统的教学方式已经足够应对教学任务，无需花费额外的时间和精力去学习和应用新技术。为了推动混合式教学的深入发展,高校需要加强对教师信息技术应用能力的培训和支持,同时建立完善的激励机制,鼓励教师积极应用在线课程资源,共同提升教学质量和效果(李佳佳,2021)。

第四节　混合式教学评价方法单一,难以有效评价教学效果

一　混合式教学的评价方式较为单一

在原有的课堂教学过程中,教师对于学生的专业能力的评判标准单一,也就是通过课堂问答判断平时表现,结合期末考试得到最终分数。混合式教学则拥有了更为科学有效的评价方法以及足够丰富的过程性评价,但很多高校尚未形成科学、多样的评价方式,大部分高校教师还偏向于单一的评价方式。被访谈教师蒋某说:"我们比较习惯传统的评价方式,学生平时成绩占比为40%,主要通过学生的课堂问答、课程作业、小组讨论等方式来表现,而期末成绩占比为60%,主要通过期末考试成绩来表现。对于混合式教学模式下的评价方式,大家都比较陌生。"得益于近几年来中国各大高校持续推动混

合式教学的发展与运用，采用这一模式的教师逐步把网络课程的学习情况作为过程性评价依据的一部分，包括但不限于网络课程视频观看次数与时长、章节测试的正确率等。但总的来说，目前尚不存在科学完备的体系来评价学生线上的学习质量，定量评价过多而缺乏定性评价的现象较为普遍。

具体而言，为了便于评判对错和计算分数，线上学习任务中需要完成的章节测验绝大多数是客观题，而需要学生论述的主观题几乎不存在；教学视频的学习统计一般而言不是次数就是观看时长，难以对学生进行视频学习时的有效性进行判断。线下课堂中，过程性评价通常只包括缺勤情况以及课堂问答等单一评价形式，其中多数是教师单向的评价，缺乏学生自评与学生之间的互评。部分学生缺乏自觉性，倘若不进一步加强对学生网络课程学习以及线下课堂学习的监督，难以获得理想的教学效果（慎玲，2021）。

根据教材编写团队对四所院校师生的访谈，我们发现高校课程大部分采用传统的教学评价体系，教师通过学生的出勤率、课堂表现、作业质量来给予平时分数，期末分数主要根据考试成绩来定。这样的评价体系不太适应当今的混合式教学体系。同时，学校对教师线上教学的评价几乎完全沿用了原有的模式。首先，依旧是采取让学生完成课程学习后上交教师评价表的方式；其次，依然只把评价权全部交给听课的学生，不存在教师的自我评价、教师之间的互评或者是上级的评价；最后，评价标准依旧不包括教师的教学安排、网络学习资源的提供等与线上教学相关的内容。

事实上，线上教学和课堂教学是两种差异明显的教学模式。在线上教学时，教师扮演的是一个从学生角度出发的教学设计者的角色，其凭借精心安排的教学活动，使用多样化的手段构建学生之间、学生与教师之间密不可分的关系，创造让学生仿佛置身其中的情境，推动学生主动学习、深刻思考。正如教师广泛认同的那样，录制高质量的教学视频必然需要完成大量的工作和付出很多时间与精力。所以，学校需要认同教师的教学安排、组织设计以及制作学习资源尤其是线上使用的视频资料，并将其作为网络教学评价标准的关键组成部分。教学评价对于教师的教学工作具有不可替代的指导意义，倘若在线教学的评价标准里没有上述重要指标，必然会对教师继续保证优质的线上教学或是混合式教学造成不良影响（曹海艳、孙跃东、罗尧成等，2022）。

二　混合式教学评价主体较为单一，缺乏多元化主体参与

当前，高校混合式教学评价的主体主要是学生和教师，缺乏多元化的评价主体参与。学生作为学习过程的主体，其自我评价和同伴评价在评价体系中占据重要地位，但往往受限于主观性和片面性。而教师评价虽然具有专业性，但也可能因个人偏见或认知局限导致评价结果的偏差。这种评价主体单一化的情况，对混合式教学的发展产生了负面影响（武慧俊、梁宇嫣，2023）。

第一，评价结果的片面性。评价主体单一使得评价结果往往只能反映部分信息，而忽略了其他重要维度。例如，仅依靠学生和教师的评价可能无法全面评估学生在混合式教学环境中的自主学习能力、团队协作能力、问题解决能力等关键能力的发展情况。第二，多元化评价主体如家长、企业等主体的缺失，使得评价体系难以与社会需求相适应。家长作为教育投资者和学生成长的重要参与者，其评价可以反映家庭教育的期望和关注点；而企业作为用人单位，其评价则可以反映市场对学生能力和素质

的实际需求。第三,抑制了教学创新的积极性。单一的评价主体往往会导致评价标准的固化和僵化,使得教师难以在教学方法、教学内容等方面进行大胆的创新和尝试。因为任何新的尝试都可能面临评价主体不理解、不接受的风险,从而影响教师的职业发展和教学热情。第四,降低了学生学习的动力。当学生意识到评价主要来自教师和同伴时,他们可能会更加关注这些评价主体的看法和期望,而忽视了自我成长和全面发展的需求。这种以外部评价为导向的学习动力机制可能会抑制学生的内在学习动力和创造力。

三 混合式教学评价缺乏有效的反馈机制

在混合式教学环境中,构建一个高效、及时的反馈机制是确保教学质量与学习成效持续提升的核心环节。然而,当前许多高校在混合式教学评价中面临反馈机制缺失的严峻挑战,这一问题不仅削弱了评价的实效性,也对学生和教师的教学过程产生了深远影响。

首先,教学反馈渠道不畅。学生与教师之间的反馈渠道常常受限于形式化或缺乏效率的沟通方式,如仅通过电子邮件或课堂简短提问等，难以形成持续、深入的交流。这导致学生的疑问和教师的建议无法及时传递，教学问题得不到及时解决。其次，评价结果的反馈方式较为单一。评价结果的反馈方式往往局限于分数、等级或简单的文字评价，缺乏针对性和具体性。这种单一的反馈方式难以满足不同学生的个性化需求，也无法为教师提供足够的改进方向。最后，评价结果的反馈存在滞后性。评价结果往往在一段时间后才能反馈给相关主体，这种滞后性使得反馈失去了其即时性和指导作用。对于学生而言，反馈的滞后可能导致他们错过及时调整学习策略的机会；对于教师而言，则可能错失根据学生学习情况灵活调整教学方法的时机。有效反馈机制的缺失会导致教学评价流于形式，无法充分发挥其对教学质量提升的推动作用。长期来看，这将对高校的整体教学质量和人才培养质量产生不利影响。因此，政府需要建立多元化反馈渠道，利用现代信息技术手段，如在线学习平台、社交媒体等，确保学生和教师能够便捷地进行实时交流，及时发现问题并寻求解决方案（孙海涛，2023）。

第七章　高等院校混合式教学优化路径

　　混合式教学作为信息技术与教育教学深度融合的有效载体，结合了课堂授课面对面和在线授课灵活性高的特点，综合运用不同学习理论和不同科学技术，弥补了传统的单向传输"满堂灌"教学形式的不足和慕课等网络教学平台无法实现育人理念的劣势，实现教师对知识传授和言传身教的主导作用，体现学生对于学习的主动性、创造性及团结协作的主体性。对线上线下教学模式有机结合的混合式教学模式可以提高学生的参与度，将学生的学习引向深度学习（刘娜，2022）。与传统教学模式相比，混合式教学弥补了传统课堂教学的不足，对深化本科教育教学改革、加快建设教育强国具有重要作用。在新形势下，如何做到跟随现代化发展的需要，以现有较为成熟的面对面授课为基础，发挥现代互联网灵活性和先进性，建立先进科学的线上线下相结合的混合式教学系统，是每个教育工作者需要思考的问题。

第一节 以学生为主体、教师为主导的混合式教学保障措施

一 学校要做好宏观引导，保障混合式教学开展

高校应提供必要的硬件与软件支持，为混合式教学提供所需平台和资源，尊重并鼓励教师对教学模式进行改革。其一，完善基础设施，确保混合式教学的网络畅通。完善教学基础设施至关重要，特别是保证教学网络的畅通无阻，因为实时网络支持是线上线下混合教学的基础。然而，受网络和计算机安全等因素影响，一些学校面临网络不稳定的问题，使得教师在实施混合式教学时遇到困难。为此，教师需提前将教学资源上传至网络平台，学生亦需在此平台上进行学习，故学校必须提升网络设施，确保教学需求。同时，这也让学生可以更加顺利和

有效地在智慧课堂上开展交流、学习与成果分享，从而进一步提高混合式教学的课堂教学效果和教学质量。其二，教室的设置要标准化、智慧化。开展线上线下混合式教学，积极推广小班化教学，班级规模控制在 30 人左右。同时，教室也需要升级改造。打造"智慧教室"，大力推进"智慧教室"建设，将学生的座位设计成圆桌形式，有利于师生之间、生与生之间进行直接的、面对面的交流和讨论，加深学生对知识的理解并促进知识的灵活运用，推动线上线下教学模式的深度融合。其三，改革教师教学创新支持机制，鼓励教师进行混合式教学改革。高等院校可以定期举办培训活动，对教师进行专业的培训和熏陶，提高他们的新型教学意识和能力，引导教师适应混合式教学，通过混合式教学提高授课效果和授课质量。高校管理部门也应该支持教师开展混合式教学改革，要向教师提供大量的优秀混合式教学资源和案例，以利于教师不断学习和提升混合式教学水平。其四，提供丰富的教学资源。目前，中国网络课程资源平台较为成熟，网络课程资源也较为全面，但是不同的学生学情存在一定的差异，因此教师需要根据学习情况选择合适的授课资源。此外，有些专业课程为小众课程，在全国高校中开设得较少，网络课程资源不太全面，因此学校应通过政策和资金支持为混合式教学提供网络平台和网络课程。同时，要通过建立混合式教学对应的规章制度对整个教学过程进行管理。高校应建立专门的管理机构，负责混合式教学课程的规划与监管，协调教学过程中各参与主体间的互动，为教学模式的选择提供指导。

二 以学生为本、以教师为主导，激发学生学习动力

（一）坚持以学生为本的教学理念

随着信息技术的发展和应用，教师的教学方式和学生的学习方式发生了改变。互联网技术的发展，使得教师教学资源和学生学习资源丰富且广泛，资源的获取成本大大降低。学生获取学习资源的路径不再局限于传统的面对面授课和书本，通过互联网可以随时随地获取网络平台上的课程资源。因而，目前教师教学重心和学生学习重心已经从面对面授课和传授知识的模式，向学生主动通过网络平台搜索和查询更适合自己学习的知识资源模式转变。在信息技术快速发展的背景和前提下，教师的课堂授

课和学生的学习过程将被赋予新的内涵。混合式教学涵盖了线上教学资源丰富、获取便捷和线下教学真实、沟通管理高效等优势，从而为大学生开展课堂学习、课外自主学习提供了强有力的支撑。但是，从狭义上来说，只有符合适当的约束条件，线上和线下混合式教学才能发挥其独特的优势。

其一，要对学生介绍相关的知识，使学生知晓线上线下混合式教学模式理论知识，掌握混合式教学的基本理念、混合式教学过程、混合式教学考核评价体系，并向学生介绍在信息现代化和信息技术开放的背景下，高校教学模式的走向会由一元向多元化转变、低维向高维转变。这一转变为学生提供了广阔的学习视角和丰富的学习资源。学校应向学生阐明混合式教学的优势，旨在提升他们的参与度和学习期望。此外，为确保学生能有效利用教学平台和资源，必须对他们进行教学平台操作和资源检索的系统培训。同时，应加强对学生自我管理能力的培养，以促进其在混合式教学环境中的自主学习能力和整体学术表现的提升。其二，建立学习互助共同体，如建立优秀学生的教学辅导机制，由优秀的学生帮助和协助其他学生巩固知识点并解答疑问。通过这种方式，一方面可以提升学生的学习积极性，促进学生之间的学习交流；另一方面也能促进优秀学生的进一步学习，同时提高基础较为薄弱学生的学习积极性。其三，提高学生自主学习能力，激发学习内生动力。在选取课程资源时，应将知识的逻辑结构与学生的认知结构紧密结合，依据学生的实践和应用标准，从发展本位的角度优选课程资源。线上线下混合式教学模式有效地实现了以学生为中心，切实保证了教师的教学效果和学生的学习效果。与线下学习相似，线上学习同样需要学生保持积极的学习态度和动机。学生应全力配合教师的教学安排，选择适合学习课程的在线学习平台和课程资源，同时也要选择能够促进学习效果的学习工具。其四，优化混合式教学模式，及时反馈教学效果和教学问题。在学习过程中以及学习结束后，学生应反思混合式学习的效果，总结学习经验，包括通过混合式教学所获得的知识，以及在学习过程中发现的优势。学生还应探讨如何通过混合式教学有效提高学习效果。通过及时的总结和反馈，学生可以为教师在教学方法和教学内容的调整和改进提供有价值的依据。其五，学生需要不断学习并适应混合式学习模式，不断提升个人在学习过程中的学习效果。传统的面对面授课通常采用集体教学模式，班级人数通常不少于30人，因此教师只能采用适合大多数学生的方法，难以满足每个学生的个性化需求。然而，当前的线上线下混合式教学模式可以有效解决这一问题。学生可以根据自身对学习内容的实际需求提前预习，并进行知识测验和答疑，结合教材和课后习题开展自主学习，从而满足每位学生的需求。因此，教师和学生都应全面理解混合式教学的优势和意义。在混合式教学模式的实施过程中，教师应优化授课模式，学生应优化学习行为，从而共同提升教学效果和学习效果。

（二）积极发挥教师的主导作用

深入分析高校混合式教学中的关系，尤其是线上与线下教学的互动关系，关键在于提升这两种形式在教学过程中的协同效应和教学成效。在混合式教学中，教师需主动转换多重角色，他们不仅是知识的讲授者，还是课程设计人员、教学引导者、内容集成者、学生互动合作伙伴及教学过程和结果的评估者等。教学活动的形式也应由传统的封闭式向更开放式转变，从以知识传授为中心向以综合能力培养为中心转移。在实施混合式教学的过程中，教师需要持续反思和评估：学生在混合式教学中需掌握哪些关键知识点？完成哪些具体任务？为实现这些教学目标，需要准备哪些教学内容，采用何种教学形式？教学活动结束后，应如何进行有效的评价和总结？此外，还需要考虑采用何种方式、哪些平台和资源来有效支持线上线下混合式教学的实施。通过这种深入的分析和持续的优化，可以有效提高混合式教学模式的教学质量，更好地满足学生的学习需求。

其一，要以培养学生为中心，对线上线下混合式教学进行系统规划。此过程涉及将线下面对面授课与线上网络教学有效融合；科学地进行课程设计，优化教学流程，提升学生的参与度并激发其学习热情。授课教师应根据教学内容和教学目标，合理构建线上线下混合式教学方案，确保符合人才培养的综合要求。在线上线下混合式教学的具体实施中，应选择科学合理的教学平台、教学资源和教学策略，以满足明确的教学需求。其二，要努力转变学生在课堂上的角色定位，引导学生在课堂教学过程中积极参与。为了转变学生在课堂上的角色定位并促进其在教学过程中的积极参与，需要采取多种策略。在混合式教学中，教师需引导学生发展自主学习能力，提高其学习过程中的主动性。例如，课程开始前，教师应向学生详细介绍授课方式和过程中需注意的事项，进行初步的学习指导和前期培训，以确保线上线下教学的顺利实施。此外，教师应提前向学生提供必要的学习材料，指导学生进行预习。在教学设计方面，应增加师生及生生之间的互动环节，促使学生积极主动地参与到混合式教学和学习过程中，从而提升教学成效。这种互动不仅能增强学习动力，还有助于深化学生对课程内容的理解和掌握。其三，运用信息技术对学生的在线学习进行分析。在混合式教学过程中，教师要做到实时把握和实时总结与反思：通过何种途径才能提升混合式教学的效果？在混合式教学的过程中，存在哪些困难和障碍，如何解决？教师可以利用现代化手段和程序对教学数据和教学效果进行实时把握，并借助教育大数据分析，提供适合每个学生学情的学习方案和学习方法。例如，教师可以基于在线学习数据，分析学生的学习日志，以深入了解学生的学习动态，进而通过统计教学平台上的资源使用情况（如视频观看次数、学习时长、试题完成情况及正确率等）来分析学生的学习过程和成效，从而指导混合式教学的实施。其四，应采用多元化评价方法，从多个角度对混合式教学效果进行评估，以提高评价过程的质量和效果。这种综合评价方法不仅增强了教学反馈的多维性，还能更全面地反映混合式教学的实际成效。

（三）搭建教师混合式教学平台

对于高校教师和高校管理人员来说，混合式教学可以促进教学过程以及教学结果发生质的改变，从而实现教学效果的大幅度提高。在教学过程中，教师的参与积极性和参与程度直接影响教学实施的结果，混合式教学实施如果能够得到教师的高度重视和大力支持，那么教学效果将大大提升。同时，学校应加大力度开展教学改革，给予充足的教学研究经费以支持线上线下混合式教学研究、开展和实施；设立混合式教学研究课题，采取"走出去"和"请进来"的方式对教师进行培训和交流。通过教学研究项目的开展和实施、线上线下混合课程的开发，丰富课程教学资源，优化课程教学平台。教师在授课的过程中意识到混合式教学便于开展、利于教学，同时和教育教学理念一致时，就会积极采用线上课程资源。此外，学校可以定期举办各类混合式教学竞赛（如教学能手、教坛新秀等），表彰奖励，并在相关教改课题立项、职称评审等中予以倾斜。还可以根据教学成效适当增加其工作量系数和课时费等。有的教师说："我们学校近几年来比较重视混合教学,经常从校外聘请专家为我们讲解混合式教学的概念、意义和方法等,通过'学习通''雨课堂'等平台为我们演示如何实施混合式教学;还经常派教师外出学习,与混合式教学实施比较好的兄弟院校多交流、多学习;除此之外,每年还拨出充裕的经费支持我们申报与混合式教学相关的课题;最后,在每年的教师授课大赛中,也极力鼓励我们更多地去使用混合式教学模式。以上措施,对我们教学质量的提高起到了事半功倍的作用。"

第二节 组建混合式教学团队,保障混合式教学实施效果

一 组建一支专业的混合式教学团队

高校要重视线上线下混合式教学,目前很多高校已将这种方式列为常用的教学方式和教学手段,有很多高校已经组建了专业的混合式教学团队,完全运用混合式教学的方法和手段开展专业课程的授课任务。其一,混合式教学团队的成员要具有非常丰富的教学经验,要有一定年限的专业教学经历,一般要求5年以上,教学效果良好,学生评价良好,

以促使教学质量得到有效保障。其二，混合式教学团队的成员要具有强烈的责任心、开拓进取的创新精神、团队协作精神，同时团队成员要具有积极的态度和包容的创新思路，不断探索新的管理与教学方法，通过各种创新手段和方法解决混合式教学过程中遇到的各种难题。其三，混合式教学团队的成员在教学开展和实施的过程中，要做到知识结构互补和能力协同，从而有效促进线上线下混合式教学的开展。

二 加强混合式教学团队的专业知识和技能培训

（一）制订培训计划

在制订知识和技能培训计划时，应明确混合式教学理论的目标和路径，并督促教师将混合式教学理论应用于实践。与相关的软件销售代表合作，确保软件培训内容致力于帮助教师在课堂上应用混合式教学，以实现他们的教育目标。鼓励教师探索新的教学方法，特别是教师要能够根据学生学情设计教学过程，这虽然增加了教师的授课难度，但提高了教学效果。他们需要调整大班教学的教学计划，以实现多个小组教学。小组教学有诸多优势，教师可以借助多种信息化手段和技术对学生的学习过程和结果进行记录、分析、总结。同时，在进行混合式教学时，教师需要学习新的教学方法来取代过时的教学方法，这样才能收到积极的教学效果。

（二）进行总结与反馈

教师在混合式教学团队专业知识和技能培训过程中，培训总结和反馈是提高教学效果和教师专业发展的关键环节。通过系统的反馈机制，可以确保教师在接受新技能和知识的培训后能够得到有效的支持，并针对实际教学中遇到的问题获得解决方案。教学管理部门要定期收集教师反馈，通过反馈的意见和建议，对教学过程进行改进，促进教师专业水平的提高。例如一所大学实施了一个针对混合式教学的专业培训项目。培训结束后，立即通过在线问卷收集教师的反馈，发现多数教师认为虚拟课堂的互动技巧部分较为薄弱。根据这一反馈，学校在下一期培训中增加了关于如何在虚拟环境中有效促进学生互动的实操模块。一年后，再次进行反馈收集时，教师普遍反映该模块极大地提高了他们的在线教学效果，学生的参与度和满意度也有明显提升。

三 教学团队全过程参与课程标准和教学内容开发

（一）确定人才培养目标

针对混合式教学对象，确定人才培养目标，教学团队要开展企业调研，通过调研掌握企业的人才需求情况，同时与企业技术人员、企业管理人员以及企业人事部门商讨企业相应岗位的目标要求，最终通过分析和总结，制定精确的专业人才培养目标。促使教学团队在培养目标上达成共识，而且确保在人才培养的过程中，做到以确定的人才培养目标为核心开展教学工作。

（二）制定专业课程标准

依据人才培养目标，制定专业课程标准。在制定专业课程标准的过程中，教学团队应实行明确的分工与个体责任制。团队成员应依据各自的知识背景和专业优势参与课程标准的制定。每位成员负责其专业领域内的具体内容，确保各部分的质量与专业性。此外，团队成员还应基于个人专长，对课程标准的其他部分提出具体要求和修订意见。课程标准的最终定稿需要通过全体成员的讨论和协商，确保每一项内容都得到充分的考量和认可。

（三）开发课程内容与项目

依据专业课程标准，课程开发应经过精确的确定与系统设计。课程内容的组织应依据各功能模块的特性进行，以确保项目设计的逻辑性和实用性。在课程开发和设计过程中，应重视学生知识体系、技能掌握与素质培养的有机结合，鼓励教师在授课过程中推动学生进行自主学习。这种教育模式旨在培养学生的独立思考能力和问题解决能力，以达成培养具有综合能力的人才的教学目标。

四　保障建设混合式教学团队的措施

（一）更新学校混合式教学的平台、设备

学校积极建设适合混合式教学的教学环境，从学校财政支持方面加大力度，不断更新混合式教学平台设备，完善软硬件设施。构建适合混合式教学模式的教学场所，配备完善的设施。

（二）提供全面的教学保障

高校要全力为混合式教学团队提供教学保障，包括组建管理团队和制定支持混合式教学团队的规章制度，配备混合式教学管理团队负责人、团队负

责人担负起团队建设任务,做好团队建设过程中各项协调事宜,从而确保混合式教学的顺利开展。

第三节 加强高等院校混合式教学的支持力度

随着教育信息化的不断深化,信息化教学手段的发展,特别是慕课的兴起,赋予了混合式教学更加丰富的内涵,同时也进一步推动了高校教学改革。各高校应从自身实际情况出发,加强学校混合式教学的实践力度,切实提高教学质量。

一 高等院校应重视混合式教学,加大混合式教学支持力度

(一)加强对混合式教学的支持力度和重视程度

目前,存在不重视教学的现象,尤其是应用型本科院校,更加重视科研,对教学的重视程度和投入力度,远远不及科研工作。另外,由于学校的资金支持有限,缺乏足够的资源支持实施混合式教学。这包括教师的专业水平未能达到混合式教学的要求、教学经费受限以及教学设施不足等问题。这些因素

综合作用，显著制约了学校的教学质量提升。

（二）鼓励教师开展混合式教学

高校开展混合式教学改革要做到科学、合理，切不可为了改革而改革，不可一刀切。要做到从校情出发，科学引导各学院、各专业、各课程科学合理地运用混合式教学方法开展教学。并不是所有课程都适合混合式教学，也并不是所有课程都必须进行混合式教学。

（三）推行教学改革激励政策

高校要出台相应激励措施，改变管理模式，增强授课教师主动开展混合式教学的积极性。通过科学的政策，激励教师开展混合式教学，从教学项目申报、职称评审、评优评先、年度考核、学生评价等方面为教师提供便利。首先，简化教学项目的申报流程，提供更多的支持和资源。其次，职称评审过程中应特别考虑教师在混合式教学方面的努力和成果，将其作为晋升和职称评定的重要依据。此外，学校应通过评优评先和年度考核制度，对积极开展混合式教学的教师给予表彰和奖励。学生评价同样是一个重要的考量因素，通过学生的反馈，教师可以了解自己教学方法的效果和受欢迎程度，进而调整和改进教学策略。这些激励措施将形成一个全面的支持系统,鼓励教师积极参与混合式教学的创新与实践,最终提升教学质量和学生的学习体验。

二 加强高校基础设施建设,增强混合式教学体验

在教学过程中,学生是主体,因此教学活动在设计和开展的过程中要以学生为中心,充分调动学生参与混合式教学改革、进行混合式学习的主动性和积极性。

(一)提高学生管理工作效率

混合式教学的开展,可以有效地减少面授的时间,增加学生的自由支配时间。在一定程度上,这加大了学生管理工作的难度,包括如何全面掌握学生的作息情况及学生的学业水平等。

(二)加大对学分制的改革力度

为了进一步提升高等教育质量,加大对学分制的改革力度显得尤为重要。同时,加强混合式教学也必须与学分制改革相配套,以实现教育质量和教学效果的最大化。

(三)加大在线教学平台建设

目前,随着混合式教学改革的推进,国内外教

学平台如雨后春笋般地出现，同时很多平台也开放了面向校内使用的 SPOC 平台，大大促进了高校混合式教学的开展。但是，不是所有的平台都能适应学校自身需求和学生需求的，因此需要根据学校校情和学生学情加大在线教学平台建设。

（四）优化教学管理系统

高校教学管理系统随着信息技术的不断更新，每年也都需要更新，为了保证教学管理系统能够更好地服务混合式教学，必须做到有针对性的优化和调整。

（五）加强硬件设施建设

为了有效满足混合式教学的需求，加强高校网络及其他硬件设施建设至关重要。尽管当前许多高校在网络软硬件建设方面已有显著改善，但整体上仍相对滞后，尤其是网络全覆盖的问题尚未完全解决。因此，需要进一步加强网络基础设施建设，为混合式教学的顺利开展提供坚实保障。

三 注重教师队伍的建设，保障混合式教学的顺利开展

（一）提高教师信息化教学能力

混合式教学过程是一个复杂的过程，要求教师

融合多种知识与技术，并不断学习以提高自身的技术水平和丰富自身的知识储备。教师的专业能力可分为三个部分，即学科知识水平、教育能力和教学技术。在教学实践中，教师需要将三者全面融合起来，以实现高效的教学。从这一角度来看，教师在混合式教学中需要提高以下几个方面的能力：（1）引导学生进行信息化学习的能力；（2）信息化教学交往能力；（3）信息化教学迁移能力；（4）信息化教学融合能力；（5）信息化教学协作能力。高校应加大教师信息化教学能力的培养，提高教师信息化教学水平，成立专业教师工作室，开展信息化教学培训、信息化教学研习、信息化教学示范课等，提高教师运用信息技术进行教学设计的能力，同时鼓励教师之间分享教学心得，实现教师队伍整体水平的提高。

（二）为教师构建良好的学习平台

在高校教师的混合式教学培训过程中，应为教师提供并建设操作便捷、功能丰富的学习平台。所建设和提供的网络教学平台应实现以下功能：（1）课程的制作与发布；（2）自主选课与学习；（3）在线辅导与测试。

（三）建立信息化教学制度

信息化教学制度是利用现代信息技术和数字化

资源支持和优化教学过程的系统性管理体系。高等院校应通过制定信息化教学战略规划、强化网络基础设施建设、开发多功能教学平台、设立系统化教师培训体系、建立丰富的教学资源库、制定科学的评估机制、推动跨学科合作与创新以及提供全面的技术支持，来建立完善的信息化教学制度。这样不仅能保障混合式教学的顺利开展，还能提升教学质量和管理效率，促进教育模式的创新与发展，实现教育的现代化和信息化。

（四）厘清教师在数字时代的角色

在数字时代，高等院校需要重视教师队伍的建设，以确保混合式教学的有效实施。教师在此过程中扮演着多重角色，既是知识的传授者，又是学习的引导者。例如，他们利用在线课程视频和虚拟教室等工具，帮助学生掌握知识和培养自主学习能力。同时，教师也是技术整合者和创新者，通过运用新技术如虚拟现实技术进行沉浸式教学，提升教学效果。除此之外，教师还是学习支持者和终身学习者，通过提供在线辅导和参与专业发展培训，支持学生学习，同时实现自我提升等。可见，教师在数字化时代的角色多元而重要，其适应和发挥将为混合式教学的有效推行提供关键支持。

第四节 促进线上线下教学相融合，开展混合式教学

混合式教学是线上教学和线下教学的结合与融通，混合式教学具备线上教学和线下教学的双重优势，在充分利用二者教学过程中的优势特点之外，还对各自存在的缺点有效地进行了规避。混合式教学将教学方法、手段和内容进行融合，教师在授课的过程中，从资源创建、任务发布、自主学习、知识拓展等方面促进线上线下教学相融合，开展混合式教学。

一 教师创建教学资源

在混合式教学过程中，课程的线上教学资源起着至关重要的作用。为了推动混合式教学的顺利进行，教师需要充分利用线上教学资源。教学团队应精选慕课等教育教学平台上的优质学习资源供学生使用，同时还需根据教学对象的特点建设专门的线上教学平台，丰富和扩展线上教学资源。在具体的教学实施过程中，教师可以通过"学习通""雨课

堂"等平台，提供符合学生学习情况的课程微视频、课件、课后练习以及阶段性测试题等，从而为混合式教学的有效开展提供坚实的资源保障。

二 教师发布学习任务

线上资源与线下活动相结合的教学模式中，教师负责整体的组织与实施工作。在授课之前，教师需要对课程内容进行高度凝练，提出课程中的关键知识点和相关问题，并通过线上平台发布给学生。学生利用线上平台进行自主学习，完成课程问题的思考和测试，确保课前充分预习，从而显著提高线下课堂的授课效果。在接收到知识问题和学习任务后，学生应主动预习课程知识点和任务，利用线上平台的资源进行预习测试。在此过程中，学生需思考课程中的重点和难点，以便在进入线下课堂后，有针对性地进行重点学习，并与教师展开讨论和沟通。通过充分的课前预习，能够显著提高课堂学习效果，提升课程教学质量。

三 学生内化所学知识

开展线下教学时，教师以课前布置的知识点和任务为核心，安排学生以小组为单位开展讨论和学习，通过小组讨论，最后形成小组的讨论报告。教师通过现代教学手段，对学生进行随机抽查，抽查到的学生代表小组将形成的小组讨论结果进行汇报，并组织全班同学对汇报的结果进行评论。教师对知识点和任务点内容进行总结，对于学生掌握得比较好、理解得比较透彻的知识点和任务点，教师做简单介绍和总结即可；对于学生理解得不太深入的知识点和任务点，教师要做到详细讲解。

四 学生拓宽知识视野

为了确保学生对知识点的牢固掌握并加强其知识拓展，教师需注重培养学生的自主学习能力。通过引导学生自主进行课堂知识点的发散学习，教师能够帮助学生不仅掌握课程中的基础知识，还能拓展其知识范围，开阔学术视野。例如，在教授化学课程时，教师可以鼓励学生通过线上资源（如学术论文、视频讲座等），深入研究课堂上讨论的化学反应机制。这不仅帮助学生理解课堂所学内容，还促使他们探索该领域的前沿研究和应用实例。此外，教师可以组织专题讨论会或研究项目，鼓励学生将课堂知识应用于实际问题，从而深化他们对知识点的理解和应用能力。通过这些方式，教师不仅提升了学生的自主学习能力，还帮助他们形成一种探索和求知的习惯。

第五节　加强对信息化教学管理平台的运用手段

一　加强培养教师教学信息化能力

高校教师是混合式教学的实施者和践行者，因此他们对混合式教学效果具有至关重要的影响。为了确保高校混合式教学的顺利推进，提升和培养教师的线下教学水平和线上教学能力，尤其是信息化教学能力，显得尤为重要。具体措施包括：其一，定期进行针对混合式教学的师资培训，明确培训内容、平台和手段。培训形式可以多样化，如讲座、学术交流和专题培训等。其二，促进教师教学观念的转变，提高其对混合式教学的认可度。通过帮助教师在授课过程中有效地实施混合式教学，提升教学效果，从而激励教师主动开展混合式教学。通过这些措施，高校能够提升教师的信息化教学能力，确保混合式教学的有效实施,从而进一步推动教学质量的提升。

二 提高高校教学信息化程度

尽管混合式教学的线下部分已相对成熟,但线上教学过程依赖于现代信息技术手段。因此,为了推进混合式教学,提高教学过程的信息化程度至关重要。具体措施包括以下几个方面:其一,建设完善的信息化基础设施。教师可以依托这些硬件设施进行网络课程资源的建设和在线教学,而学生则可利用这些硬件设施进行线上课程的自主学习。其二,软件建设对于信息化教学和混合式教学的开展同样重要。高校应构建资源丰富、知识全面的信息化教学平台。其三,高校间应加强合作,共同开发课程资源,构建共享的信息化教学平台。这种校际联合开发能够丰富学生可参考和学习的课程资源,提升学习效果。其四,还应鼓励教师自主开发各种课程资源,以丰富混合式教学的内容。

三 建立在线课程资源库

混合式教学模式不仅包括传统线下面对面教学

和线上信息化教学，而且二者相互补充、相互融合。在混合式教学过程中，线上教学环节需要依托线上教学平台，并且教学平台要有相对应的丰富的课程资源，否则线上教学和混合式教学就会流于形式或仅仅停留在概念上。目前线上课程资源的建设一般从两个方面开展。其一，教师可以制作微课资源和多媒体课件等，也可以收集与课程密切相关的资源，丰富在线课程资源。其二，教师根据高校自身的校情以及上课学生的学情，选择现有的网络平台和网络资源为课程搭建适合教师应用的课程体系。教师在授课的过程中，加强课程设计，确保课程设计的科学性与合理性，做好线下课程和线上课程教学的融合与贯通，达到提高课程授课效果的目的。在线上教学的过程中，教师可以对教学知识进行拓展，丰富学生知识面。在课程资源建设的过程中，教师可以加入课程拓展资料和多种互动形式，包括采用辩论、猜谜等形式，从而增加课堂教学的趣味性，提高学生对课程的参与程度，加强课程授课过程中学生的学习热情，促进学生学习效果。目前，很多高校混合式教学会采用"慕课+课堂教学"或"慕课+课堂教学+翻转课堂"的形式。这种教学形式适用范围广泛，应用效果显著，对不同高校、不同教师团队和不同学生群体均具有一定的适用性。在教学过程中，能够实现"有教无类"和"公平公正"的目标，因此受到众多高校的普遍欢迎。此外，任课教师在课程资源建设过程中，应确保课程资源，如教学视频和多媒体课件，与课程授课目标具有高度相关性，避免本末倒置。仅仅追求课堂趣味性和学生参与度，而忽视课程资源的实用性，将无法实现预期的教学效果。

四　课程教学中高效运用信息技术

信息技术是支撑混合式教学线上资源建设和线上教学环节的重要手段，在现代课程教学中，信息技术的有效应用对于提升教学效果和学生学习体验具有重要作用。以下是几种有效使用信息技术的方法：其一，利用多媒体技术丰富教学内容。教师可以通过多媒体课件、动画、视频等形式，使抽象的知识变得生动具体，从而提高学生的理解和记忆效果。其二，采用在线教学平台实现资源共享和互动学习。高校可以利用如慕课、雨课堂等在线平台，为学生提供丰富的课程资源和互动功能，帮助学生自主学习和复习课程内容。其三，实施翻转课堂模式,增强课堂互动。教师可以通过在线平台提前发布教学视频和学习材料,学生在课前进行自主学习。在课堂上,教师主要进行讨论、答疑和实践活动,从而增强师生互动,提高教学效果。其四,运用数据分析技术个性化教学。通过学习管理系统(LMS)等信息技术平台,教师可以收集和分析学生的学习数据,了解学生的学习进度和薄弱环节,针对性地调整教学内容和方法,为学生提供个性化的学习支持。其五,开展虚拟实验和模拟实践。利用虚拟现实(VR)和增强现实(AR)技术,教师可以为学生提供虚拟实验和模拟实践的机会,使学生能够在安全、可控的环境中进行探索和操作,提升实践能力和创新意识。教师在实施混合式教学时,必须将线上教学手段与线下交流有机结合。例如,在播放线上教学视频后,通过提问、讨论和交流等形式,及时引导学生的注意力回到线下教学中,从而有效地开展线上线下相结合的混合式教学。

第六节 根据不同课程性质设置形式多样的混合式教学

高等院校课程设置差异较大,不同类型的课程在教学目标、内容和形式上各具特色。为了实现最佳的教学效果，需要根据不同类型课程的特点，设计相应的创新混合式教学模式。

一 高校通识课程教学创新混合式教学方法

对于"微积分""概率论""线性代数"等基础课程，教师可以采用线上线下相结合的教学模式，主要侧重于线下教学，而线上教学主要用于课后巩固。最终综合成绩由线上线下相结合的方式得出。教师教育类专业课程有诸多特点，包括创新性强、实践性高和针对性强等。如"教学论"课程，长期以来很多高校受教育教学软硬件条件、教学基础、教学环节、师资队伍等因素的影响，该门课程常以线下理论教学方法为主开展教学工作。在教学的过程中，教师以讲授为主，学生利用课余时间进行自主学习、探索等。因此，本门课程的授课就存在学生学习主动性差、学生学习意识薄弱、学生学习积极性不高、学生学习兴趣不强等问题。而本门课程采用混合式教学方式开展教学以后，授课教师可以有效运用线上教学平台，利用平台上的课程资源，采用先进的信息化技术，对教学资源包括视频、课件、图片、文本等内容进行建设和丰富，同时建设课程测试题库，为学生学习提供丰富的资源。

二 高校专业基础课教学创新混合式教学方法

高校专业基础课教学要做到以学生学习为中心，以学生学习效果为目标。教师对课程概念和课程的知识点进行重点讲解和介绍，而不是全面撒网、整体铺开，授课过程要能够突出知识的应用性和传授技能的实践性。专业教师要针对专业基础课程的基本概念、重难点等环节，采用多媒体教学课件、动画演示、视频以及板书相结合的方式，科学开展混合式教学，以提高教学效果。在授课的过程中，教师可以充分安排案例讨论，对班级学生进行分组，开展小组讨论，然后小组汇报、讨论和教师讲解。在整个教学实施过程中，要结合学生学情开展教学，促进学生感性认识，通过现代化信息技术手段和翻转课堂的方法提高学生学习兴趣，提高学生学习的主动性。

三　高校专业课程教学创新混合式教学方法

专业课程教学要充分发挥混合式教学的优势,充分采用现代化信息技术手段。第一,根据专业课程的课程性质和课程培养目标要求,搭建在线开放课程的基本路径。线上教学资源是混合式教学的重要支撑,线上教学资源的丰富性是能否顺利与高质量开展的重要因素。第二,确定混合式教学模式。目前很多高校采用的混合式教学模式包括"慕课/SPOC+慕课堂+翻转课堂+线下考试"、"慕课/SPOC+慕课堂+线下课堂教学+线下考试"、"慕课/SPOC+慕课堂+翻转课堂+线下课堂教学+线下考试"三种模式。研究表示,专业课程的理论部分通过采用"慕课/SPOC+慕课堂+翻转课堂+线下课堂教学+线下考试"模式开展教学,教学效果较好;专业课程的实践部分以及实践课程、实验操作类内容通过采用"慕课+慕课堂+翻转课堂+线下考试"模式开展教学,教学效果较好。

第七节　引导学生逐步适应高等院校混合式教学

　　混合式教学结合了线上和线下的优势，为学生提供了更加灵活和丰富的学习体验。然而，学生需要逐步适应这种新型教学模式，才能充分发挥其效果。其一，教师应为学生提供明确的指导和支持。在课程开始前，教师可以通过讲座或线上视频向学生介绍混合式教学的模式、方法和优势。其二，混合式教学的一个关键特点是强调学生的自主学习能力。教师应通过各种方式激发学生的学习兴趣和主动性。例如，可以在课堂上分享一些成功的案例，展示那些通过自主学习取得优异成绩的学生的故事。其三，学生应学会充分利用线上教学资源，如慕课和 SPOC 课程等。这些平台上有丰富的学习资源，学生可以根据自己的兴趣和需要进行学习。其四，要适应混合式教学，学生需要培养良好的学习习惯。在课余时间，学生应养成定期学习的习惯，制定合理的学习计划，并严格执行。例如，可以每天安排一定的时间进行线上课程的学习和复习，同时做好笔记，整理学习资料。其五，互动和交流是混合式教学的重要组成部分。教师应鼓励学生在课堂上积极参与讨论，提出问题，并与同学和教师进行交流。例如，可以在每次课后组织一个小组讨论会，学生分享自己的学习心得和体会，互相解答疑问。通过这种方式，学生不仅可以巩固所学知识，还能培养团队合作和沟通能力。如今，随着现代信息技术和网络教学模式的发展，混合式教学实现了优势互补，显示出了更大的发展潜力，充分体现了学生在教学活动中的主体性，也拓宽了高等院校教育的深度和广度，提高了人才培养质量，已成为高等院校新的教学形式。

第八节　建立完备的教学过程评价体系

《国家中长期教育改革和发展规划纲要（2010—2020年）》中指出：要进一步做好高校教学管理评价，全力推进中国高等教育国际化进程。教学评价是混合式教学中的重要环节。通过教学评价，可以评估教学方式和教学过程的成果与效果，并对教学活动进行全面的评判。同时，教学评价也可以对教学过程中教师教学水平和效果、学生学习效果进行检验。因此，教学评价是混合式教学以及传统教学过程中非常重要的步骤，它能够检验教学效果，并且根据检验的标准及时进行反馈，以进一步引导教学的改革、创新和修正，是提高教师教学水平及学生学习能力的重要手段。

一 教学过程评价体系建立的教学过程评价组成

教学过程评价体系的构建对教学过程评价结果是否科学和有效具有决定性的作用，因此教学过程评价体系构建要全面、科学、合理以及可操作。通常来说，教学评价包括以下几个方面，如教师自我评价、教师互相评价、学生评价、社会评价、专家评价、领导评价（徐广安，2003）。

（一）教师自我评价

教师自我评价，是指授课教师对其本人在实施混合式教学过程中的工作态度、工作业绩、教学水平、教学能力以及教学效果进行科学、系统和全面评估的过程。教师在自我评价的过程中，能够发现自己的不足，突出自身的特长和优势，并根据自身的实际情况，不断学习以弥补自身的缺点，进一步强化自己的优势以突出个人教育教学特点，提升教师应用信息化技术进行授课的水平，为进一步提高相关教师教学业务能力提供参考和依据。

（二）教师互相评价

教师互相评价，是指授课教师与授课教师之间，在开展信息化教学中，在教学水平、教学能力以及教学效果等方面进行互相评价。在教师互相评价的过程中，指出其他教师不足的同时，应重点学习他们的优点，以提高自身的授课水平和能力；被指出不足时，应该及时进行改进和调整。同时，通过教师与教师之间互相评价，可以实现互相交流教学模式、教学方法、教学手段等，扬长避短、优化教学过程，从而达到互相学习、互相促进、互相帮助、共同提高的目的。

（三）学生评价

学生评价，是指学生根据教师授课准备情况、教师知识储备情况、教师教学方式方法、教师教学能力水平、教师课堂掌握和把控情况、教师课后作业批阅情况等对教师进行系统评价。在课程开展过程中，学生是与教师接触最多的群体，因此学生对教师在教学中的情况了解最全面，学生对教师的评价也最客观和中肯。而任课教师可以根据学生评价的结果，掌握学生对教师授课过程中的看法、意见、建议、要求，做到实时调整教学状态、修正教学计划、提高教学能力和水平等。通过这一过程，教师能够不断改进教学方法，优化教学效果，更好地满足学生的学习需求。

（四）社会评价

社会评价，是指毕业生的用人单位按照一定的依据和标准对学校教学工作、人才培养情况进行科学、全面的评价。学生的培养成果和效果不仅体现在考试分数上，还反映在论文发表数量上，更体现在学生毕业后走上工作岗位后的表现，如工作能力、工作水平、自我学习能力和自我提升能力等方面。此外，毕业生的社会贡献也能够有效地反映高校的教学效果。

（五）专家评价

专家评价，是指由专家组对教师教学效果开展的评价。专家组成员需要到教师授课课堂进行现场听课，收集有关学生管理、教师表现、教学方法和学校教学等方面的信息。根据预定标准，对上述各方面进行评分和评价，然后根据评价结果形成教学意见和建议（钟祥存、钟丹，2013）。这些反馈意见将有助于进一步提高教学效果。

（六）领导评价

领导评价，是指由授课教师所在部门的直属领导对教师教学效果开展的评价。领导也需要到教师授课课堂进行现场听课,并进行教师、学生访谈,然后对教师进行全面、科学的评价。领导和教师之间是一种互相支持和互相服务的关系,领导需要在平等的前提下获取教师授课的真实信息,然后依据这些信息对教师开展客观评价。领导对教师的评价主要的目的是促进教师教学业务水平的提高和专业知识的加强,因此领导评价的结果除了服务教师、指导教师,还要促进领导为教师教学过程提供资源支持,实现教师教学基础条件的不断完善和健全(王兆正、刁仁荣、朱斌,2009)。

二 建立教学过程评价体系的评价标准

高校教学过程评价标准可分为直接评价标准和间接评价标准。直接评价标准分为形式标准与内容标准,间接评价标准则包括学生的学习质量和学生对任课教师的评价(李国义,2015)。

(一)直接评价标准

教学评价的直接评价标准分为形式标准与内容标准。

其一,形式标准由身体语言、发音、表达、板书、教法5个方面组成。（1）身体语言。准确的身体语言包括：第一是目视前方，目光不能漂移；第二是目光要发散，教师不能从头到尾只看着一处或者一个人；第三是手势灵活，动作要与教学内容匹配，但也不能过于夸张，导致喧宾夺主；第四是要适当走动，不能全程坐在讲台上读书，造成教学过程枯燥乏味；第五是教师表情要自然，教态端正，教师要有亲和力，让学生愿意与教师互动，提高教学课堂气氛。（2）发音。包括语速、语音、语调、语流、吐字5个方面。第一，语速要合适，不能为了赶进度而使语速太快，太快会导致很多学生跟不上进度；但是也不能过慢，过慢会导致学生注意力不集中，造成课堂教学内容难以完成。第二，语音可以适当提高，千万不能太低，具体要做到确保全班同学都能清楚地听到。第三，授课的过程中还要注意语调的掌握，做到语调抑扬顿挫，把握好授课节奏，吸引学生思绪。第四，语言要流畅，吐字要清晰，让学生能够清楚地听明白教师讲授的内容，理解教师讲授的知识。第五，教师不能读出错字。（3）表达。高质量的表达要做到生动性、通俗性、熟练性的有效融合。生动性是指教师在授课的过程中，让学生有身临其境的感觉，对学生有很强的感染力。通俗性是指教师授课要深入浅出，使学生能够理解教师传授的知识点。熟练性是指在授课的过程中，教师能够将知识内化为自己的知识然后传授给学生，而不是对着书本和课件生搬硬套地介绍。（4）板书。高质量的板书包括板书字体工整优美、板书设计详略得当、板书框架合理、板书排序科学。（5）教法。包括教师教学技巧、教师课堂艺术、教师教学方案、教师课堂管控、授课办法等。

其二，内容标准由知识准确性、逻辑严密性、层次清晰性、详略适度性、信息丰富性5个方面组成。（1）知识准确性：知识的准确性对于教学非常重要，如果知识是错误的，则根本无法保证教学效果。但是知识准确与否有时难以判断，因为社会科学有些内容难以辨别是非，这就使得知识准确性成为教学质量评价的难点。（2）逻辑严密性：教师在授课的过程中，要确保教学内容和教学结果的逻辑准确性和严密性。（3）层次清晰性：教师在授课的过程中，要做到层次分明、机构合理。在层次的结构和框架上，第一层次可以用"一""二"等进行表达，第二层次可以用"（一）""（二）"等来表达，第三层次可以用"1""2"等来表达，第四层次可以用"（1）""（2）"等来表达，第五层次可以用"①""②"等来表达。除了框架和结构的层次性要明确，还要保证内容层次性要清晰。（4）详略适度性：教师在授课过程中，明确哪些是学生要了解的内容，哪些是学生要熟悉的内容，哪些又是学生需要掌握的内容，并据此来确定授课的重点和难点。（5）信息丰富性：是指教师在单位时间内提供给学生的有用信息的含量，俗称"含金量"。

（二）间接评价标准

间接评价标准是指将教师授课行为之外的参照指标作为评价教学质量的标准。该类标准包括学生的学习质量和学生对任课教师的评价。（1）学生的学习质量：学生的学习质量对教师的教学质量有一定的参考意义，但二者并不是完全对等的关系。教师的教学质量高，可以促进学生的学习质量提高。但除此之外，学生的学习态度、能力等也是决定学生学习质量的重要因素，因此决定学生学习质量的因素除了教师的教学质量，还有学生自身的原因。因此，对学生的学习质量进行检验，一方面可以考查教师的教学质量，另一方面可以考查学生的学习态度、能力等。学生的学习质量，可以通过两个方面来考查，即校内检验和社会检验。校内检验指标又分为形式指标与实质指标。形式指标可以考查学生的出勤率、考查学生的听课率。实质指标主要考查7项指标。第一项是学生在课堂上对课堂提问的回答速度和答案准确率；第二项是学生课程作业完成的时间、速度和准确度；第三项是期中考核或测验成绩，以及平时测验成绩；第四项是期末考试或考核成绩；第五项是学生实验操作成绩；第六项是学生完成毕业论文情况和取得的成绩；第七项是学生参加知识竞赛、技能比赛和创新创业比赛等取得的成绩。社会检验是通过调查学生就业状况和学生就业岗位职业发展状况来完成的，学生就业状况包括学生就业率、学生就业专业对口率、学生就业岗位、学生就业薪资、学生就业后发展空间等。（2）学生对任课教师的评价：学生对任课教师的评价可以在一定程度上反映教师的教学质量。教师的教学质量高，学生对任课教师的评价就好。一方面通过学生的评价学校能够更多地了解到学生对教学方式的诉求，以更容易沟通的方式和学生进行对话；另一方面教师也能够通过学生的建议，改进自身的教学方法，从而达到双赢的效果。

三　建立教学过程评价体系的评价原则

（一）科学规划教学评价体系

教学评价体系的建设是一个复杂的体系，需要系统地统筹和构建，包括"制定教师教学水平评估办法、评估流程，以及成立专门的教学水平评估组，并以此为基础开展教学评估小组入堂评估、教师随堂互评以及学生期中期末双期学评工作"（张挺、范功端、李中圣，2019）。不同的高校都有自身独特的校情，因此教学评价体系的构建要紧密围绕校情。但是，目前中国部分高校在教学评价体系构建的过程中，采用的是照搬的方式，人云亦云，没有考虑到自身学习的实际情况，对高校自身的办学定位、人才培养目标、教师队伍基本情况、专业发展、专业特色等考虑得不够深入和全面，还有些高校缺少相对应的教学评价机制和机构，也缺少相应的规划与顶层设计。因此造成部分高校构建教学评价体系后出现水土不服的现象，教学评价体系对教学的服务、监督和促进作用也大打折扣。高校教学评价体系在高校教学过程中，具有战略性地位，但在实际实施的过程中存在很大的困难，因此教学评价体系的构建要在布局方面从顶层设计开始，从战略上首先明确其地位，科学管理，全员参与，明确评价流程、明确评价主体、科学组织、精准实施（陈莹、刘竞、钱永贵，2020）。这样才能充分发挥教学评价体系的作用，真正提升高校的教学质量和发展水平。

（二）评价主体应多元化

评价主体是教学评价体系中非常重要的方面。随着国内外学者的研究和国内外高校的探索，目前评价主体已经由传统的"单一主体"向"多元主体"转变。由传统的专家评教、领导评教丰富到教师自评、教师互评、学生评教、领导评教、专家评教、社会评教多元化相结合的评教方式。然而，由于"多元主体"评教花费时间较长、投入精力较大，一些高校在实际操作中过于重视学生评教，导致教师教学质量结果完全受学生评教结果左右，这严重偏离了评教的初衷。为了确保评价结果的科学合理，做到评教结果实用，应落实"多元主体"评教。

（三）评价指标要做到定性与定量相结合

教学评价应做到对教学量与质的评价并重。"量""质"并重的教学评价包括课程教学大纲知识的覆盖情况、教学目标达成情况、学生对教学技能的掌握情况，以及课程授课过程中学生的课堂表现、课外自主学习表现、课外获奖与成长成就、学生总体综合能力等。在评价体系建设过程中，有些评价指标可以进行量化考核，有些评价指标需要通过问卷等方式进行考核。当然，还有一些特殊的指标需要由评价主体根据直觉判断来完成。过程性评价内容的多样性和复杂性决定了其评价方法必须根据情况灵活选择，只有把定性与定量评价方法有机结合起来才能顺利完成（潘成彪，2011）。

（四）评价过程要做到精简高效

教学评价一般需要较长的时间，涉及范围广泛，且过程复杂，因此在实际实施中存在一定的困难。所以，教学评价体系的构建，一定要保证评价过程尽可能地精简高效，确保评价的可操作性。如果评价方案可操作性较差，就会在评价的过程中给参与评价的教师和学生带来诸多困扰，如操作繁杂、时间长等，这些都会造成参加评价的主体产生抵触情绪，可能会敷衍甚至阻挠评价的进程，使评价效果大打折扣。因此，要顺利推行过程性评价，必须分步实施、循序渐进、反馈改善，做到评价工作的精简高效。从而，不仅能够减少参与者的负担，还能提高评价的实用性和可靠性。

（五）教学评价应凸显反馈环节

为了提高教学效果，保障教学质量，需要科学合理地构建教学评价体系,其中交流反馈环节至关重要。教学评价不应是单向的过程,必须明确设立反馈环节,增强评价主体与被评价人员之间的互动交流。通过这种互动和反馈,被评价人员能够明确自身在教学中存在的问题,清晰了解自己的优势,并对存在的问题及时加以改进。这样不仅能够提升教师的教学能力和水平,还能显著提高教学效果,进而保障教师和高校的人才培养质量。

四 教学过程评价体系的建立

教学评价是定量评价与定性评价的结合体,无论单一的偏向定量评价还是单一的偏向定性评价,都会对评价过程和评价结果产生诸多负面影响。因此,在评价指标体系设计上要强调评价指标的定性与定量相结合,并且科学合理地设置教学评价体系(详见图7-1)。

五 完善教学评价体系

(一)完善混合式教学机制及环境,强化混合式教学氛围

完善混合式教学机制及环境,强化混合式教学

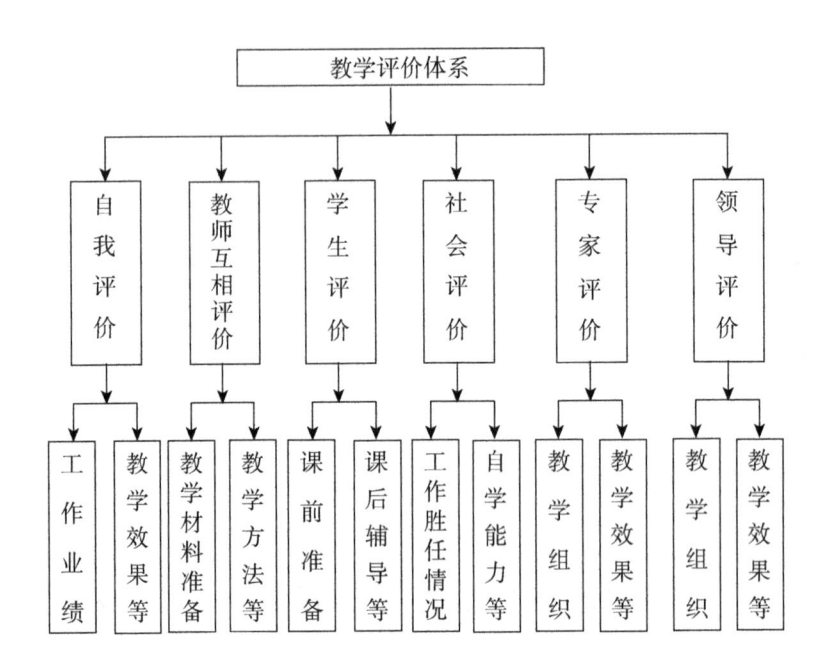

```
                        ┌──────────────┐
                        │  教学评价体系  │
                        └──────┬───────┘
     ┌────────┬─────────┬──────┼──────┬─────────┬────────┐
   ┌─┴─┐   ┌──┴──┐   ┌──┴─┐  ┌─┴─┐  ┌─┴─┐    ┌──┴─┐
   │自 │   │教师 │   │学生│  │社会│  │专家│    │领导│
   │我 │   │互相 │   │评价│  │评价│  │评价│    │评价│
   │评 │   │评价 │   │    │  │    │  │    │    │    │
   │价 │   │     │   │    │  │    │  │    │    │    │
   └─┬─┘   └──┬──┘   └─┬──┘  └─┬─┘  └─┬─┘    └─┬──┘
```

图 7-1 教学过程评价体系

氛围是高校教育改革的重要任务。其一，高校应健全混合式教学机制，促进教学活动的顺利进行。线上线下混合式教学是一项复杂的工作，单独机构或者单独部门很难完成，因此需要网络技术中心、教务处、教师发展中心、教学单位和学工部等部门和机构的参与和配合。高校管理团队应在管理和部署方面灵活开展、统筹安排、有序执行和统一规划。此外，高校还要根据教育教学规律明确学生考核评价方案、提高混合式教学教师的待遇政策等，从而提高教师参与积极性、增强学生配合与学习的主动性。其二，在混合式教学硬件层面，学校应该设立混合式教学的专门直播间、录课室等，同时配套性能高的互联网和软件，确保在混合式教学过程中教师的教学和学生的在线学习顺利开展；在技术支持层面，学校应与平台供应商保持紧密联系，通过现代通信手段实现教师与技术人员的实时沟通，确保教师在制作慕课、录播课、微课及高质量多媒体课件过程中能够获得即时技术支持。其三，高校要配套混合式教学环境，增加图书馆、开放机房等场所计算机数量，提高图书馆、开放机房等场所计算机性能和配置。与此同时，还可以将部分教室打造为适宜混合式教学的活动场所。这些措施将有助于全面提升混合式教学的质量和效果。

（二）建立健全混合式教学评价机制

混合式教学评价机制的建立，需要全体教师的大力支持和认可。其一，应从教学理念、过程设计、课堂组织以及线上线下融合等方面进行全面培养和培训。对于中老年教师，则应重点加强教学平台操作和信息化技术手段应用的培训。其二，针对混合式教学，应建立教学评价和教学监督制度。高校应通过多部门协调，系统地开展教学评价和监督，通过建立衡量线上教学质量的制度体系、制定多级座谈和访谈制度、完善听课和督导制度等措施，实现对所有课程与教师的线上监督与评估。其三，高校的教学评价应遵循全方位、多维度和多元化相结合的原则，全面落实高校教学评价体系，制定适合高校发展的、健全的混合式教学评价机制。

（三）合理运用混合式教学评价工具

混合式教学评价工具是指在传统教学评价方法的基础上，结合现代信息技术，通过线上和线下相结合的方式，对学生的学习过程和结果进行全面、系统、动态的评估手段。这些工具包括在线测试、学习管理系统（LMS）、电子档案袋、学习分析平台等。高校要根据校情建立科学、全面的教学评价体系，从而对混合式教学展开评价。

六 教学过程评价在高校教学管理评价中的应用

（一）加强高校教学管理过程性评价标准框架设置

在设置高校教学管理过程性评价标准框架的过程中，要重视和充分发挥每个环节和每个主体的作用。第一，要将学生的主体作用充分发挥出来。高校在进行混合式教学的过程中，要将培养学生确定为过程性评价的重要指标。把"过程性"的高校教学管理评价标准融入教学计划的制订、教学方案的实施中，在指定的时间对学生各个不同阶段的学习成果进行评价和引导。第二，要做到多样化评价。在重视学生学习成绩的同时，还要综合考虑学生的身心健康等多个方面的共同发展。通过合理的指标设置和科学的权重比例赋分，以保证高校教学管理过程评价的科学、客观。第三，要综合考虑过程评价的层次性，确保评价设置层次分明、层次科学、层次全面。在教学过程评价过程中，需要针对学生的性格特征、兴趣爱好以及身心状况等因素，开展因材施教和因材施评。通过层次化评价，确保每位学生都有平等的发展机会。这样不仅能够满足学生的个性化需求，还能提高教学的针对性和有效性，全面提升教育质量。

（二）推进高校教学管理过程性评价内容体系建设

高校教学管理过程性评价内容体系的建设要做到内容突出、覆盖全面、总体客观，可通过以下几个方面实施。第一，尝试让学生自由开展学习内容、学习方式、学习时间的选择，大力探索在教学评价中建立"学分记点制、自由选课制、间修制、弹性学习制、主辅修制"等系列评价方式。通过"全纳教育"理念的实施，在实践的过程中尊重每位学生的能力、兴趣、心理特征等。将学生的学习态度、学习过程纳入教学评价的范围，引导学生在实践中"习得"知识、"建构"能力。第二，通过定性和定量的评价对学生的学习目标、学习过程、学习成果等方面进行细化与量化，在此基础上融合"导生制"的评价，从而努力使评价方式适合每位学生。这不仅有助于更全面地反映学生的学习成效，还能为个性化教学提供有力支持，促进学生的全面发展。

（三）强化高校教学管理过程性评价激励绩效建设

高校要加强教学管理过程性评价的原生动力，建立各种鼓励和激励措施以及规章制度。高校教学管理过程性评价要做到评价部门间信息的协同，以及部门间信息沟通和互动的流畅性和及时性。同时教学管理各部门间评价信息既统一又独立，有较高的灵活性。一方面，应明确教学过程及考核过程的信息收集、传递、分析、处理和反馈的方法。对教师考核档案、出勤记录、教学与科研成果记录、学生意见测评表、专家听课意见表等内容和信息进行科学合理的采集、分类、汇总和沟通，并保证整个过程的常态化。另一方面，要建立全面科学的教师评价制度，为过程性评价提供保障和依据。管理层面更要重视过程评价，将过程性评价改进方案纳入学校发展的中长期规划和年度计划，通过顶层设计的推进，有效落实高校教学管理过程性评价方案。

（四）强化高校教学管理过程性评价问责机制构建

要加强责任追究，强化高校教学管理过程性评价的问责机制。第一，要采取灵活、科学和便捷的责权机制，明确责权划分情况。在教学管理评价的问责机制建设方面，国内外许多高校已经进行了探索和实施。第二，为确保过程性评价的科学合理和责权的明确划分，需对"教、评"合一现象进行调整，强化"第三方"教育评价机构在评价过程中的作用，建立内部与外部相结合的评价体系。第三，高等教育的利益相关者要切实承担起对学校进行评价的责任，推动相关人员共同参与教育发展与改革的进程。这将有助于将部分高校中存在的"学校本位""行政本位"等不合理和不科学的评价体系，转变为科学、合理、全面的评价体系。

第八章 结语

　　本书从政策、科学研究和实施现状三个角度探索混合式教学模式在中国高等院校的发展。首先，依据政策内容，本书将混合式教学模式在中国高等教育发展历程划分为三个阶段，分别是技术应用阶段、技术整合阶段和新的学习体验阶段；其次，通过对国内外文献的梳理，本书定位了国内外研究中对混合式教学概念和理解的异同，并从中归纳出高等院校混合式教学模式的概念特征，包括概念的延展性、融合性和多样性；再次，根据政策和理论中所提出的混合式教学的发展目标，本书结合实施情况，指出不同主体（包括政府、高校、教师、学生和相关教育技术）在混合式教学中的地位和作用（即实施条件）；最后，本书提出新文科背景下混合式教

第八章 结语

学评价机制应从宏观和微观两个视角进行评价。混合式教学实施的最终目的是提升高等教育质量，只有当政府、高校、教师、学生以及教育技术企业能够找准自己的站位、发挥好自身的作用，混合式教学才能够顺利实现其最终目标。而对于其最终目标实现功效程度的评价，还需要经过大量的工作和探索，包括宏观层面上的探索和微观层面上的探索。

混合式教学融合了课堂同步学习和在线异步学习两种不同的学习方式，传统的课堂教学允许师生面对面的互动，有利于同步交流，而虚拟教室则为学生提供了可以随时随地向任何人学习的机会，没有任何形式的地理障碍，可以快速便利地学习和分享知识。在这种复合式的教育模式下，教师可以通过有计划、系统的方式，把网络学习和传统的课堂教学有机地融合起来，从而提高学生的学习价值。高校混合式教学在实践中的具体做法是多种多样的，可以细分为不同的学习模式，但并没有一种适用于每一所大学、每一门学科的模式。混合式教学最初有六个模式，但在对混合式教学模式原有类型进行细分和扩展的情况下，目前高校应用较为广泛的主要包括车站轮换混合式学习、个人轮换混合式学习、翻转课堂、远程混合式学习、基于项目的混合式学习、自主混合式学习、内外混合式学习、"基于能力"的混合式学习。

随着教育技术不断信息化，在现代高等教学模式中，混合式教学已呈常态。混合式教学的优势在于可以让学生更广泛地使用数字终端进行学习，信息化的优势在于庞大的资源和信息，能够吸引学生随时随地主动学习。在混合式教学中，教师在备课时可以收集教学资源、录制教学视频、准备测试题目、设置课堂活动与讨论环节，并提前推送给学生，以引导学生主动学习，使学生明确自己的疑点和难点；学生可以根据自身情况，在课前完成预习，以便在课堂上能更高效地讨论与学习。混合式教学模式不仅有利于教学相长，而且有利于教师在教学中根据学情因材施教，恰当运用教学手段，以高效的方式让学生获得具有针对性的知识和技能。在信息化时代，互联网承载着海量的教育教学资源，大量在线音视频资料、在线课程等，是学生获取知识的有效路径；混合式教学可以让教师的教学过程或方式更加多样化、学生的学习方式更加多元化，同时促进了教学资源库的形成与融合。混合式教学有助于促进高等院校学生个性化发展、教师教学质量提高和教师能力专业化。因此，高等院校混合式教学建设是必要的。

近年来，混合式教学在中国高等院校如火如荼地开展。相比以往僵硬的教育程序，混合式教学是寻找正确教育方式、探索"自然的教育"的一种尝试，同时，高等院校混合式教学改革所带来的新图景也在向我们展示它的优势与成效。一方面，混合式教学改革深化了高等院校的课程建设，高等院校的课程教学内容得以不断更新，课程育人的价值引领效果也更加明显。混合式教学打破了教学的时空限制壁垒，使高等院校教学形式多样化、灵活化，学生吸收知识的方式丰富化、便捷化，可以利用碎片时间随时随地进行学习。另一方面，混合式教学打破了教师传授—学生接受的传统师生关系，用以学生为中心、以产出为导向的教学设计覆盖教学的全过程，使教育主体与客体的关系更加密切，建构了新型和谐师生关系。此外，混合式教学进行了多元考核设计，突出过程评价。混合式教学改革将数字技术嵌入教学场域，留痕数据记录了教学活动全过程，并结合高校教学实际和学生特点，建立科学可行的评价制度，有助于准确评估和实时反馈教学目标实现程度。

相关政策对于智能化教学的大力支持推动了混

合式教学的不断进步，但混合式教学在中国的实施也面临的一些困境：对混合式教学线上与线下结合方式的理解存在偏差；部分高等院校混合式教学系统性不完备；部分高等院校混合式教学实施效果不佳；部分高等院校无法将线上学习与线下课堂教学很好地融合；部分高等院校"信息化"平台运用能力不强；课程性质不同导致难以全部开展混合式教学；部分高等院校大学生不适应混合式教学；教师过程评价不够丰富，尚未科学地评价学习效果。针对以上存在的问题，本书分析了混合式教学面临这些困境的原因。

混合式教学作为信息技术与教育教学深度融合的有效载体，结合课堂授课面对面和在线授课灵活性高的特点，综合运用不同学习理论和不同科学技术，弥补了传统的单向传输教学形式的不足和网络教学平台无法实现育人理念的劣势，实现教师对于知识传授和言传身教的主导作用，体现学生对于学习的主动性、创造性及团结协作的主体性。线上线下有机结合的混合式教学模式可以提高学生的参与度，将学生的学习引向深度学习。与传统教学模式相比，混合式教学弥补了传统课堂教学的不足，对深化本科教育教学改革、加快建设教育强国具有重要作用。在新形势下，要做到跟随现代化发展的需要，以现有较成熟的面对面授课为基础，发挥互联网灵活性和先进性，建立先进科学的线上线下相结合的混合式教学系统，是每个教育工作者需要思考的问题。

参考文献

一 中文文献

习近平：《习近平书信选集》第一卷，中央文献出版社2022年版。

敖谦、刘华、贾善德：《混合学习下"案例—任务"驱动教学模式研究》，《现代教育技术》2013年第3期。

蔡宝来：《人工智能赋能课堂革命：实质与理念》，《教育发展研究》2019年第2期。

曹海艳、孙跃东、罗尧成、单彦广：《高校混合式教学改革的推进策略研究》，《化工高等教育》2022年第2期。

陈丽芳、王云、樊秋红：《基于创新思维培养的混合式教学改革》，《华北理工大学学报》（社会科学版）2016年第5期。

陈莹、刘竞、钱永贵:《以过程为导向的高校教师教学质量评价方案设计》,《劳动保障研究会议论文集》(四),2020年。

成蕴秀、朱自强、慕跃林、陈晓波、杜朝锟、杨燕霏、陈才波:《师范专业认证及建设本科一流课程背景下有机化学课程教学改革与实践》,《中国多媒体与网络教学学报》(上旬刊)2021年第1期。

迟静、吴杰:《基于微课的"雨课堂"+"翻转课堂"混合式教学研究》,《大学教育》2021年第4期。

崔娟娟、李文杰、李忠文:《"线—上下结合,校—内外交替"高职高专药剂学混合式教学模式研究与实践》,《创新创业理论研究与实践》2019年第23期。

邓晖:《网络个性化学习支持系统研究》,硕士学位论文,华东师范大学,2003年。

邓丽、潘峰、魏嘉银、张佳佳、陈妍:《基于项目导向式的线上线下C语言程序设计混合教学方法研究》,《信息与电脑》(理论版)2021年第23期。

邓伟刚、孙杨:《高校混合式教学与管理模式实施问题探讨与对策分析》,《高教学刊》2024年第9期。

董本云:《新文科背景下国际贸易实务课程混合

式教学改革探讨》，《吉林工商学院学报》2021年第4期。

杜学鑫：《英语专业混合式学习模式研究与实践——以"语言学导论"课程为例》，东南大学出版社2018年版。

冯晓英、王瑞雪、吴怡君：《国内外混合式教学研究现状述评——基于混合式教学的分析框架》，《远程教育杂志》2018年第3期。

冯晓英、孙雨薇、曹洁婷：《"互联网+"时代的混合式学习：学习理论与教法学基础》，《中国远程教育》2019年第2期。

冯晓英、吴怡君、庞晓阳、曹洁婷：《混合式教学改革：教师准备好了吗——教师混合式教学改革发展框架及准备度研究》，《中国电化教育》2021年第1期。

冯亚娟、施茉祺：《基于项目驱动的混合式教学实践与效果研究》，《高教学刊》2021年第8期。

高丹丹、陈向东、张际平：《未来课堂的设计》，《中国电化教育》2009年第11期。

谷照亮：《个性化学习视域下大学生思想政治教育创新研究》，博士学位论文，西南交通大学，2017年。

管恩京：《混合式教学有效性评价研究与实践》，

清华大学出版社 2018 年版。

韩飞燕、葛延峰、刘俊琴：《疫情背景下基于 OBE 的市场营销学混合式教学设计与实践》，《对外经贸》2021 年第 1 期。

韩筠：《在线课程推动高等教育教学创新》，《教育研究》2020 年第 8 期。

何基生：《学生自主学习能力的内涵、构成及动态分析》，《教育评论》2009 年第 2 期。

何克抗：《21 世纪新兴信息技术对教育深化改革的重大影响》，《中国现代教育装备》2018 年第 16 期。

何克抗：《E-Learning 与高校教学的深化改革（上）》，《中国电化教育》2002 年第 2 期。

何克抗：《从 Blending Learning 看教育技术理论的新发展（上）》，《中国电化教育》2004 年第 3 期。

何克抗：《建构主义的教学模式、教学方法与教学设计》，《北京师范大学学报》（社会科学版）1997 年第 5 期。

何克抗、林君芬、张文兰编著：《教学系统设计》（第 2 版），高等教育出版社 2016 年版。

胡水星主编：《现代教育技术》，电子工业出版社 2020 年版。

胡毅：《站点轮换：混合式学习的一种模式》，

《上海教育》2020年第2期。

华永丽、魏彦明、纪鹏、姚万玲：《以能力培养为导向的混合式教学模式应用研究——以〈中兽医学〉课程为例》，《山东农业工程学院学报》2022年第1期。

黄荣怀、马丁、郑兰琴、张海森：《基于混合式学习的课程设计理论》，《电化教育研究》2009年第1期。

黄荣怀、周跃良、王迎编著：《混合式学习的理论与实践》，高等教育出版社2006年版。

黄玉梅、陆红燕：《新文科背景下大学英语混合式教学模式研究》，《海外英语》2021年第13期。

霍力岩、高宏钰编著：《当代西方教育学理论》，华东师范大学出版社2017年版。

蒋德志、刘贵杰、谢迎春：《混合教学模式下基于高阶思维能力的"船舶辅机"教学支架设计》，《大学》（研究版）2021年第15期。

焦健、魏耘：《"互联网+"背景下高校混合式教学面临的问题及建议》，《教书育人》（高教论坛）2019年第36期。

［美］莉兹·阿尼：《混合式教学：技术工具辅助教学实操手册》，孙明玉、刘夏青、刘白玉译，中

国青年出版社 2017 年版。

李翠莲：《浅析高校通识课大班额混合式教学模式的优化路径》，《教育教学论坛》2022 年第 16 期。

李逢庆、韩晓玲：《混合式教学质量评价体系的构建与实践》，《中国电化教育》2017 年第 11 期。

李国义：《论高校课堂教学过程质量评价标准》，《大学教育》2015 年第 9 期。

李佳佳：《论析互联网时代视域下如何更好地开展高校器乐专业课教学》，《中国民族博览》2021 年第 23 期。

李科、何立志、郑巧玲：《"1＋识图主导、内外混合教学"的课程建设模式初探——以建筑结构基础与平法识图课程为例》，《大学》2021 年第 35 期。

李明珠、余敏：《高校思政课混合式教学模式研究》，《湖北经济学院学报》（人文社会科学版）2022 年第 5 期。

李群、寻素君：《混合式教学提高课堂教学质量的应用研究》，《科技风》2021 年第 12 期。

李莎：《基于"雨课堂"的混合式教学模式的设计与实践研究》，硕士学位论文，赣南师范大学，2019 年。

李兆义、杨晓宏：《"互联网＋"时代教师专业素养结构与培养路径》,《电化教育研究》2019 年第 7 期。

李政辉、孙静:《我国混合式教学的运行模式与对策研究——以中国财经慕课联盟 44 所高校为对象》,《中国大学教学》2022 年第 Z1 期。

林青:《过程性评价在高校教学管理评价中的践行》,《山东农业工程学院学报》2015 年第 9 期。

刘徽、滕梅芳、张朋:《什么是混合式教学设计的难点?——基于 Rasch 模型的线上线下混合式教学设计方案分析》,《中国高教研究》2020 年第 10 期。

刘佳佳:《新文科背景下大学英语混合式教学多元评价》,《安顺学院学报》2022 年第 1 期。

刘娜:《"互联网+"背景下线上线下混合式教学探讨》,《工业和信息化教育》2022 年第 2 期。

刘晓:《混合式教学模式下教师能力提升探究》,《国网技术学院学报》2020 年第 5 期。

刘欣:《我国高等教育内涵式转变的困境及路径分析——基于行为主义学习理论视角》,《成都中医药大学学报》(教育科学版)2019 年第 1 期。

刘雪姣、朱胜军、孙举涛:《战疫下在线远程混合式教学实践——以〈聚氨酯化学与工艺〉课程为例》,《山东化工》2021 年第 2 期。

刘云生：《论"互联网+"下的教育大变革》，《教育发展研究》2015年第20期。

刘兆惠、李旭、王超、张祥儒：《基于MOOC的分层混合式教学模式探究》，《大学教育》2019年第6期。

卢海涛：《"混合式教学"下个性化学习赋能教学生态：江西财经大学工商管理课程案例研究》，《老区建设》2020年第8期。

陆蔚：《高职信息化教学大赛教学设计项目实践与探讨——以"走进笔记本电脑"为例》，《济源职业技术学院学报》2018年第1期。

罗茜：《高校混合式教学改革：困境与出路》，《科教文汇》（下旬刊）2018年第18期。

骆伟、周绍斌：《思政引领下面向对象程序设计课程混合式教学改革与实践》，《计算机教育》2022年第1期。

马凤岐：《建设"金课"是提高通识教育质量的关键》，《高校教育管理》2019年第4期。

马秀麟、赵国庆、邬彤：《翻转课堂促进大学生自主学习能力发展的实证研究——基于大学计算机公共课的实践》，《中国电化教育》2016年第7期。

［美］迈克尔·霍恩（Michael B. Horn）、希瑟·

斯特克（Heather Staker）：《混合式学习：21世纪学习的革命》，混合式学习翻译小组译，机械工业出版社2016年版。

［美］莫勒、［美］休特：《无限制的学习：下一代远程教育》，王为杰译，华东师范大学出版社2015年版。

那琳、贾凯：《高校混合式教学影响因素及策略研究》，《科学咨询》（教育科研）2022年第1期。

潘成彪：《地方高校教学过程性评价问题探讨》，《文教资料》2011年第13期。

潘晔：《网络环境下如何利用混合式教学模式提高教学质量》，《学园》2015年第3期。

裴要男、王承武、周洁：《项目驱动下大学生创新创业教育影响因素研究——基于MOA模型的实证分析》，《高教探索》2019年第7期。

彭芬、金鲜花：《高校混合式教学的研究主题、发展脉络与趋势分析——基于citeSpace的知识图谱研究》，《中国大学教学》2021年第Z1期。

彭红超、姜雨晴、马珊珊：《基于翻转课堂的协作学习效果实证分析——以大学生"计算机网络与应用"课程为例》，《中国远程教育》2020年第1期。

亓玉慧、高盼望：《基于首要教学原理的翻转课堂教学设计探索》,《山东师范大学学报》(人文社会科学版)2018年第2期。

钱研:《基于BCLRHK模型的大学生个性化在线学习资源推送研究》,博士学位论文,东北师范大学,2017年。

〔美〕乔纳森·伯格曼、〔美〕亚伦·萨姆斯:《翻转课堂与混合式教学:互联网+时代,教育变革的最佳解决方案》,韩成财译,中国青年出版社2018年版。

屈林岩:《学习理论的发展与学习创新》,《高等教育研究》2008年第1期。

申丽君:《互联网+教育"背景下大学生学习能力现状及发展策略研究》,硕士学位论文,江南大学,2018年。

慎玲:《地方高校线上线下混合式教学存在的问题与改进策略》,《大学》2021年第35期。

盛群力:《教学事件的扩展与八种学习类型的教学策略》,《浙江教育学院学报》2006年第2期。

石小岑:《美国K-12混合式学习模式变革的多元化路径》,《远程教育杂志》2016年第1期。

〔加〕史蒂芬·道恩斯:《联通主义》,肖俊洪译,《中国远程教育》2022年第2期。

宋灵青、田罗乐：《"互联网+"时代学生核心素养发展的新理路》，《中国电化教育》2017年第1期。

宋宇辰：《适应混合式教学的高校教师教学能力提升途径探索》，《科技视界》2021年第24期。

［苏］B.A.苏霍姆林斯基：《给教师的建议》，赵聪译，湖南人民出版社2021年版。

苏欣：《新文科背景下〈会计理论〉课程混合式教学改革路径探析》，《营销界》2021年第31期。

孙海涛：《初中英语听说混合式教学设计研究——基于翼课网平台的教学实践》，硕士学位论文，曲阜师范大学，2023年。

滕妍、姚雯雯：《教育心理学理论与实践研究》，新华出版社2014年版。

田富鹏、焦道利：《信息化环境下高校混合教学模式的实践探索》，《电化教育研究》2005年第4期。

田新志、王振铎、张慧娥、陈晓范、申海杰、边倩：《基于"OBE+思政"理念的Java程序设计课程改革与实践》，《电脑知识与技术》2021年第1期。

王日升、王美玲、李娜：《混合式学习现状及教师功能角色分析——基于高校思想政治理论课的调查研究》，《齐鲁师范学院学报》2018年第6期。

王涛、梁亮、郑敏化：《形成性评价与教学反馈在医学遗传学 PBL 教学中的应用》,《遗传》2020 年第 8 期。

王玮、孙武、赵志强、郭玉:《基于 MOOC 建筑施工类专业课混合式教学探索与实践》,《江苏建筑职业技术学院学报》2022 年第 1 期。

王晓晨、张佳琪、杨浩、张世红:《深度学习视角下高校翻转课堂教学模式研究》,《电化教育研究》2020 年第 12 期。

王晓川、邓英、陈逸菲:《高校混合式教学改革的推进路径探讨》,《教育教学论坛》2023 年第 33 期。

王晓烨、孙晓文、怀率恒、刘安良:《后疫情时代混合式教学模式的发展策略和路径》,《中国现代教育装备》2024 年第 9 期。

王佑镁、祝智庭:《从联结主义到联通主义:学习理论的新取向》,《中国电化教育》2006 年第 3 期。

王昭、郝凌云、叶原丰、张小娟:《"互联网+"时代基于学生自主学习的"生物材料制备与工艺"课程改革探索》,《科技风》2021 年第 1 期。

王兆正、刁仁荣、朱斌:《教育服务时代领导评教的实践与创新》,《基础教育参考》2009 年第 4 期。

王照生:《基于深度学习的高等数学混合式教学研究》,《安徽电子信息职业技术学院学报》2022 年第 3 期。

王竹立：《新建构主义：网络时代的学习理论》，《远程教育杂志》2011 年第 2 期。

韦建林、余悦强：《新时代背景下高校体育选项动态轮换教学模式探析》，《教育现代化》2020 年第 23 期。

吴争春：《基于 SPOC 的高校思想政治理论课混合式教学模式改革探究》，《思想政治教育研究》2017 年第 5 期。

武慧俊、梁宇嫣：《混合式教学模式下高校思政课"三维度"教学评价优化研究》，《高教论坛》2023 年第 10 期。

席娟、王新军：《基于"互联网+"的大学生自主学习能力培养研究》，《教育观察》2021 年第 45 期。

新媒体联盟：《2015 年地平线报告》（高等教育版），北京开放大学项目组编译，http//www.nmc.org/publications/。

熊燕、毕冬琴：《〈物理化学〉远程混合式教学的探索与实践——疫情背景下"线上教学"思考》，《云南化工》2020 年第 7 期。

徐广安：《高校教学过程性评价初探》，《山东省青年管理干部学院学报》2003 年第 3 期。

徐国艳：《基于学习成效金字塔理论的远程混合式教学设计与实践》，《计算机教育》2020年第6期。

徐芹：《混合式教学在高校专业课程中推广的困境及解决途径》，《教育观察》2022年第10期。

徐奕俊、秦安兰：《"互联网＋对分课堂"：促进自主学习的混合式教学模式》，《教学研究》2020年第5期。

解筱杉、朱祖林：《高校混合式教学质量影响因素分析》，《中国远程教育》2012年第10期。

杨力：《高校混合式教学质量影响因素分析及对策》，《教育教学论坛》2021年第13期。

杨俏文、陈雪欣、姚永红：《"互联网＋"财务管理课程混合式教学的实践与探索》，《国际公关》2020年第12期。

杨媛媛：《基于项目驱动的混合式教学创新研究——以"创新思维学"课程为例》，《财经高教研究》2021年第2期。

杨子瑶：《关于保障应用型本科院校教育教学质量的影响因素研究》，《教育教学论坛》2020年第6期。

姚海燕、王爱华：《混合式教学视阈下中职专业课程教学资源开发策略》，《黑龙江科学》2021年第1期。

叶鸿：《基于混合教学模式的师范生教学设计能力培养研究》，硕士学位论文，西南大学，2021年。

于歆杰：《论混合式教学的六大关系》，《中国大学教学》2019年第5期。

余静、周源：《信息化教学资源建设评价标准及应用实施》，《中国职业技术教育》2016年第26期。

余胜泉、路秋丽、陈声健：《网络环境下的混合式教学——一种新的教学模式》，《中国大学教学》2005年第10期。

远俊红、林波：《课程思政在计算机专业课程中的应用——以〈Java程序设计〉为例》，《智库时代》2019年第21期。

曾文婕、周子仪、刘磊明：《怎样设计"以学生学习为中心"的大学翻转课堂》，《现代远程教育研究》2020年第5期。

曾晓洁：《多元智能理论的教学新视野》，《比较教育研究》2001年第12期。

詹泽慧、李晓华：《混合学习：定义、策略、现状与发展趋势——与美国印第安纳大学柯蒂斯·邦克教授的对话》，《中国电化教育》2009年第12期。

张健平：《"新工科"背景下专业基础课程混合式教学模式构建与实施》，《大学物理》2022年第4期。

张锦、杜尚荣：《混合式教学的内涵、价值诉求及实施路径》，《教学与管理》2020年第9期。

张萍、DING Lin、张文硕：《翻转课堂的理念、演变与有效性研究》，《教育学报》2017年第1期。

张庆玲、胡建华：《大学评价中的"计算主义"倾向分析》，《现代大学教育》2021年第4期。

张润之、梁瑶：《关于推进思想政治理论课混合式教学的若干思考》，《思想理论教育》2021年第1期。

张挺、范功端、李中圣：《全员参与式教师本科教学水平综合评估体系建构与实践》，《教育现代化》2019年第62期。

张艳明：《混合教学模式下大学生自主学习能力培养研究》，《赤峰学院学报》（自然科学版）2021年第11期。

赵慧臣、彭梦甜：《高校教师实施混合式教学问题与对策的质性研究》，《数字教育》2022年第1期。

赵铭洋：《智慧教育环境下大学生个性化学习模式研究》，硕士学位论文，辽宁师范大学，2019年。

赵小丽：《从线上教学探索未来教育的变革》，《新课程研究》2021年第24期。

郑朝霞、余琳：《如何将思政教育融入"Java程序设计"课程教学中》，《科教文汇（上旬刊）》2020年第 34 期。

钟祥存、钟丹：《专家评教在高校教学质量评估体系建设中的作用》，《南昌工程学院学报》2013 年第 2 期。

祝智庭、孟琦：《远程教育中的混和学习》，《中国远程教育》2003 年第 19 期。

二　外文文献

Barak, M., Watted, A. & Haick, H., "Motivation to Learn in Massive Open Online Courses: Examining Aspects of Language and Social Engagement", *Computers & Education*, 2016, 94: 49 – 60.

Basham, J. D., Israel, M. & Maynard, K., "An Ecological Model of STEM Education: Operationalizing STEM for All", *Journal of Special Education Technology*, 2010, 25 (3): 9 – 19.

Bloom, B. S., "The 2 Sigma Problem: The Search for Methods of Group Instruction as Effective as One-to-One Tutoring", *Educational Researcher*, 1984, 13 (6): 4 – 16.

Gardner, H. E., *Frame of Mind: The Theory of*

Multiple Intelligences, New York: Basic Books, 1983.

Garrison, D. R., Kanuka, H., "Blended Learning: Uncoveringits Transformative Potential in Higher Education", *The Internet and Higher Education*, 2004, 7 (2): 95–105.

Halverson, L. R., Graham, C. R., Spring, K. J., Drysdale, J. S. & Henrie, C. R., "A Thematic Analysis of the Most Highly Cited Scholarship in the First Decade of Blended Learning Research", *The Internet and Higher Education*, 2014, 20: 20–34.

Hofstede, G., Hofstede, G. J. & Minkov, M., *Cultures and Organizations: Software of the Mind* (3rd), New York: McGraw Hill, 2010.

Korthagen, F. A. J. & Kessels, J. P. A., "Linking Theory and Practice: Changing the Pedagogy of Teacher Education", *Educational Researcher*, 1999, 28 (4): 4–17.

Kurt VanLehn, "The Relative Effectiveness of Human Tutoring, Intelligent Tutoring Systems, and Other Tutoring Systems", *Educational Psychologist*, 2011, 46 (4): 197–221.

Lage, M. J., Platt, G. J. & Treglia, M., "Inverting the Classroom: A Gateway to Creating an Inclusive Learning Environment", *The Journal of Economic Education*, 2000, 31 (1): 30-43.

Liu, M., Zwart, R., Bronkhorst, L. H. & Wubbels, T., "Chinese student teachers' beliefs and the role of teaching experiences in the development of their beliefs", *Teaching and Teacher Education*, 2022, 109 (5).

Means, B., Toyama, Y., Murphy, R., et al., "The Effectiveness of Online and Blended Learning: A Meta-Analysis of the Empirical Literature", *Teachers College Record*, 2013, 115 (3): 1-47.

Patrick, S., Kennedy, K. & Powell, A. K., "Mean What You Say: Defining and Integrating Personalized, Blended and Competency Education", *International Association for K-12 Online Learning*, 2013.

Powell, A., Rabbitt, B., Kennedy, K., "iNACOL Blended Learning Teacher Competency Framework", *International Association for K-12 Online Learning*, 2014, https://files.eric.ed.gov/fulltext/ED56B18.PDF.

Siemens, G., "Connectivism: A Learning Theory

for the Digital Age", *International Journal of Instructional Technology & Distance Learning*, 2004, 2.

Stavredes, T., *Effective Online Teaching: Foundations and Strategies for Student Success*, Hoboken, NJ: Jossey-Bass, 2011.

Tamim, R. M., Bernard, R. M., Borokhovski, E., et al., "What Forty Years of Research Says About the Impact of Technology on Learning: A Second-Order Meta-Analysis and Validation Study", *Review of Educational Research*, 2011, 81 (1): 4 – 28.

Voci, E., Young, K., "Blended Learning Working in a Leadership Development Programme", *Industrial and Commercial Training*, 2001, 33 (5): 157 – 161.